新军迷★
系列丛书

别告诉我
你懂潜艇

《深度文化》编委会 编著

U0299263

清华大学出版社
北京

内容简介

本书是介绍潜艇知识的科普图书，共分为5章。第1章对潜艇的发展历史、战略地位、主要类型、艇员编制、未来趋势等基本问题进行了解答。第2章对潜艇的制造材料、关键工艺、艇形设计、内部构造、动力装置等问题进行了解答。第3章是与潜艇的侦察、探测、通信、导航、电子战等设备相关的内容。第4章是与潜艇综合作战性能相关的内容。第5章则是关于潜艇实战的内容，不仅有潜艇作战的技术、战术分析，还有海战史上的经典战例解读。通过阅读本书，读者会深入了解堪称"国之重器"的潜艇。

本书内容丰富，结构严谨，分析讲解透彻，适合广大军迷和中小学生作为科普读物。同时，它也适用于兵器研究人员、战略分析师、国防教育工作者、作家、编剧、媒体制作人、博客作者、模型制作者、军事装备制造商等专业人士作为参考书籍。此外，本书可作为军事院校相关专业的教学参考用书，并且也可以作为少年儿童的军事启蒙读物。

本书封面贴有清华大学出版社防伪标签，无标签者不得销售。

版权所有，侵权必究。举报：010-62782989，beiqinquan@tup.tsinghua.edu.cn。

图书在版编目 (CIP) 数据

别告诉我你懂潜艇 / 《深度文化》编委会编著 .
北京 : 清华大学出版社 , 2024. 9. -- (新军迷系列丛
书 / 黄成). -- ISBN 978-7-302-67058-2

Ⅰ . E925.66-49

中国国家版本馆 CIP 数据核字第 2024PW9805 号

责任编辑：李玉萍
封面设计：王晓武
责任校对：张彦彬
责任印制：丛怀宇

出版发行：清华大学出版社

网　　址：https://www.tup.com.cn, https://www.wqxuetang.com
地　　址：北京清华大学学研大厦A座　　邮　　编：100084
社 总 机：010-83470000　　邮　　购：010-62786544
投稿与读者服务：010-62776969, c-service@tup.tsinghua.edu.cn
质 量 反 馈：010-62772015, zhiliang@tup.tsinghua.edu.cn
印 装 者：涿州汇美亿浓印刷有限公司
经　　销：全国新华书店
开　　本：146mm×210mm　　印　　张：7.125　　字　　数：274千字
版　　次：2024年9月第1版　　印　　次：2024年9月第1次印刷
定　　价：49.80元

产品编号：098055-01

前 言

　　1945 年 8 月 6 日，美国陆军航空队一架 B-29 "超级堡垒"轰炸机在日本广岛投掷了一枚名为"小男孩"的原子弹。这是原子弹首次应用于军事行动。之后，又一架 B-29 轰炸机在日本长崎扔下了一枚名为"胖子"的原子弹。这两枚原子弹的爆炸，让世界人民见识到什么才是真正的大杀器。

　　核武器的出现，是 20 世纪 40 年代前后科学技术重大发展的结果。作为人类有史以来所发明的威力最大的武器，核武器拥有强大的威慑力，能够赋予一个国家巨大的战争潜力和显赫的国际地位。当今世界，"核三位一体"堪称最强国防系统，拥有这种能力的国家，基本就可以立于不败之地。

　　所谓的"核三位一体"，是指在陆、海、空三个不同的领域，都拥有在全球范围内对任何区域进行战略核打击的能力。具体来讲，就是陆地上拥有洲际弹道导弹，海洋下拥有弹道导弹核潜艇，天空中拥有战略轰炸机。其中，弹道导弹核潜艇是至关重要的一环。在陆基弹道导弹和空基战略轰炸机等核武器投射力量遭受到敌方毁灭性的打击之后，弹道导弹核潜艇作为隐蔽的核攻击力量可给予敌方"第二次核打击"。

　　事实上，除了弹道导弹核潜艇以外，其他类型的潜艇也在现代战争中发挥着巨大的作用。攻击型核潜艇以各种常规弹头的潜射战术导弹及鱼雷为主要武器，可以执行搜索、护航和攻击等任务。巡航导弹核潜艇以巡航导弹为主要武器，可以作为二次核打击力量或者战术打击力量的一部分，也可以攻击航母等水面战舰。而采用柴电动力的常规潜艇由于经济性、灵活性、静音性较好，已被各国海军大量装备，并在战争中广泛运用。可以长时间潜伏于水下、隐蔽性较普通常规潜艇更优秀的 AIP 潜艇，更是部分国家大力发展的对象。

各类潜艇在军事舞台上大放异彩的同时，也吸引了广大科普爱好者的目光。本书采用问答的形式对潜艇的相关知识进行讲解，书中精心收录了军事爱好者广为关注的 100 个热门问题，内容涵盖了潜艇的发展历史、分类标准、艇员编制、艇体构造、作战武器、动力装置、电子设备、航行性能、经典战例等多个方面，每个问题都进行了专业、准确和细致的解答。为了帮助读者理解复杂的军事知识，并增强图书的趣味性和观赏性，书中还配有丰富而精美的示意图和鉴赏图，以及生动有趣的小知识。

本书是真正面向科普爱好者的基础图书，特别适合作为广大科普爱好者的参考资料和青少年朋友的入门读物。全书由资深科普团队编写，力求内容的全面性、趣味性和观赏性。希望读者朋友能够通过阅读本书，循序渐进地提高自己的科学素养。

本书由《深度文化》编委会创作，参与本书编写的人员有阳晓瑜、陈利华、高丽秋、龚川、何海涛、贺强、胡姝婷、黄启华、黎安芝、黎琪、黎绍文、卢刚、罗于华等。由于作者知识有限，本书难免存在疏漏之处，欢迎广大读者提出批评和建议。

编者

目 录

Part 04 性 能 篇 ················· 131

Part 01

理 论 篇

　　潜艇是能够在水下运行的舰艇。其种类繁多，形制各异，小到全自动或一两人操作、作业时间仅数小时的小型民用潜水探测器，大到可装载数百人、可连续潜航数月的弹道导弹核潜艇。按体积可分为大型（主要为军用）、中型或小型（袖珍潜艇、潜水器）和水下自动机械装置等。

▶▶▶▶ 潜艇何时正式成为海军舰艇

潜艇的起源最早可以追溯到 15～16 世纪，据说意大利文艺复兴巨匠列奥纳多·达·芬奇曾构思"可以水下航行的船"，不过这种能力向来被视为"邪恶的"，所以他没有画出设计图。

1578 年，英国人威廉·伯恩在其出版的著作《发明》一书中第一次明确阐述了潜艇的原理："在水中的任何大小的物体，如果其重量不变而体积可大可小。那么，你要它浮它就会浮，你要它沉它就会沉。"

1620 年，荷兰人科尼利斯·范·德雷布尔在英国建成世界上第一艘人力潜艇，这是人类历史上第一艘能够潜入水下并在水下行进的"船"。它的船体像一个木柜，木质结构，外面覆盖着涂有油脂的牛皮，船内装有作为压载水舱使用的羊皮囊。下潜时向羊皮囊注水，上浮时将水从羊皮囊中挤出。这艘潜水船以多根木桨来驱动，可载 12 名船员，能够潜入水下 3～5 米。德雷布尔的"潜艇"被公认为现代潜艇的雏形，因此他被尊称为"潜艇之父"。

历史上第一艘用于军事的潜艇出现在美国独立战争时期。美国耶鲁大学的大卫·布希奈尔建造了"海龟"号潜艇，艇内仅可容纳1人操作方向舵和螺旋桨。1776 年，"海龟"号潜艇企图攻击英国海军旗舰"鹰"号潜艇，但未能成功。布希奈尔因为这次行动的功败垂成而大受打击，此后就放弃了对其产品的进一步研究与发展。不过，"海龟"号潜艇作为第一艘具备实战价值且被用于实战的潜艇，在潜艇的发展史上同样有着非常重要的地位。在"海龟"号潜艇之后，几乎所有关于潜艇的研究活动都是围绕着军事目的而展开的。

历史上第一艘成功炸沉敌舰的潜艇出现在美国南北战争时期。海军工程师贺拉斯·劳森·汉利建造了"汉利"号潜艇，该潜艇可容纳 8 名艇员，依靠手

英国海军在戈斯波特博物馆收藏的"海龟"号潜艇复制品

摇柄驱动。其前端外伸一个炸药包，碰触敌舰就会爆炸。1864 年 2 月 17 日晚，它成功炸沉北方联邦的"豪萨托尼克"号护卫舰，但它也因爆炸产生的旋涡而沉没。

美国画家康拉德·怀斯·查普曼于 1864 年描绘的"汉利"号潜艇

　　1879 年，英国牧师雷文伦德·乔治·加莱德建造了"复活"号潜艇，艇体长度约 15 米，艇体中部为圆柱形，两端为圆锥形。其在水面航行用蒸汽动力推进，潜航时则使用锅炉中剩余的蒸汽，这是第一艘热机驱动的潜艇。

　　19 世纪 80 年代，各国逐渐认识到潜艇的重要性。美国、英国、法国、德国、俄国、意大利、瑞典等国都热衷于研发潜艇。1900 年 4 月，美国政府购买了英裔美国人霍兰研制的潜艇，并将其编入美国海军。从此，潜艇正式成为一种海军舰艇。

建造中的"霍兰"号潜艇

布雷潜艇为何在二战后销声匿迹

布雷潜艇是专用于布设水雷的潜艇，其主要作用为：进行攻势布雷，以封锁敌方基地、港口、海峡、航道，破坏海上交通线；在己方海域进行防御布雷，阻止敌方舰艇从海上入侵。

世界上第一艘布雷潜艇是俄国制造的"蟹"号布雷潜艇，于1915年7月开始服役。该艇身长52米，宽4.3米，潜航排水量740吨，最大水面航速12节，最大水下航速7节，下潜工作深度50米。主要武器为1门76毫米炮、2挺机枪和2具鱼雷发射管，共携带60枚锚雷。该艇的上层建筑内有两个水下航行时布雷用的水雷管道。"蟹"号布雷潜艇加入黑海舰队服役后，在博斯普鲁斯海峡附近的敌方水域和瓦尔纳港水域成功布设了水雷。1915年7月18日，德国"布雷斯劳"号巡洋舰在博斯普鲁斯海峡附近被"蟹"号布雷潜艇布设的水雷炸伤，致使其7个月不能作战。1919年，"蟹"号布雷潜艇被外国武装干涉者击沉在塞瓦斯托波尔水域。

继俄国之后，德国、法国、英国、美国等国也开始建造布雷潜艇。一战期间，德国共建造潜艇300余艘，可分为6个大类，其中就包括UC型沿海布雷潜艇、UE型远洋布雷潜艇。UC型沿海布雷潜艇分为UC I型（15艘）、UC II型（64艘）、UC III型（16艘）三种，UE型远洋布雷潜艇则分为UE I型（10艘）、UE II型（9艘）两种。在战争期间，德国使用布雷潜艇在爱尔兰海区、英吉利海峡、巴伦支海、加勒比海等海域共布设水雷2000余枚。

一战后，法国海军制定了自己的布雷战术，其中在河口和海岸布设零星雷场，以阻碍敌方舰船离港的任务由专用布雷潜艇来完成，因此法国建造了"绿宝石"级布雷潜艇，首艇于1930年开始服役。该级艇属于中型布雷潜艇，设计用于在地中海地区作战，因此比英国海军同时期的布雷潜艇要小得多。

德国UC I型沿海布雷潜艇

1919 年一艘 UC III 型沿海布雷潜艇在加拿大多伦多

英国于 20 世纪 30 年代初开始建造"逆戟鲸"级布雷潜艇，一共建造了 6 艘，首艇于 1933 年开始服役。二战期间，"逆戟鲸"级布雷潜艇共布设水雷 2500 余枚，但只有四号艇"长须鲸"号在战争中幸存下来。

美国于 1921 年开始建造 V 级潜艇，其中 1925 年开工的四号艇"舡鱼"号被定为布雷潜艇，其艇体长度为 109 米，宽度为 10 米，能携带 60 枚水雷，水雷装在潜艇后部两个直径约 1 米的布雷管里。"舡鱼"号布雷潜艇于 1928 年开始服役，在整个二战期间，它一直是美国海军最大的潜艇，直到二战后核潜艇出现，其吨位纪录才被打破。

使用潜艇布雷，因不受时间、气象等条件限制，行动隐蔽，可深入敌方控制海区内，使敌方舰艇遭到突然打击。得益于此，二战期间交战双方的布雷潜艇都取得了不错的战果。

二战后，由于攻击型潜艇可用鱼雷发射管或外挂水雷投放装置执行布雷任务，各国一般不再建造专用的布雷潜艇。

美国"魟鱼"号布雷潜艇

>>>>> 潜艇在现代海军中地位如何

在现代海军的各种战舰中，潜艇占据了非常重要的地位。它隐蔽性好，作战半径大，突击威力大，独立作战能力强。在海战中，潜艇不但是运输舰船的克星，也是大中型战斗舰艇，特别是航空母舰的杀手。自潜艇问世以来，它就在大大小小的海战中扮演着重要的角色。

在各国现有的海上作战行动中，水面舰艇、岸基航空兵一般存在作战半径有限和生存能力弱等问题，只有当航空母舰进入其有效作战半径范围以内时才能对目标发起攻击。航空母舰编队凭借作战范围广、机动性能好的优点，在绝大多数的作战行动中，都会被配置在距离作战目标较远的距离上，这种情况下，只有潜艇才有可能对航空母舰进行突击。

时至今日，尽管反潜兵力、兵器有了很大的发展，但海水仍旧是潜艇隐蔽的有效屏障。即使是当代海军强国，也无法轻易完成对水下潜艇的发现、定位、攻击、消灭。正因如此，世界上许多国家都非常重视潜艇的发展。

　　与此同时，弹道导弹核潜艇还是大国保持威慑的关键，一旦爆发大规模战争，甚至核战争，位于地面的战略导弹与战略轰炸机可能被全部摧毁。只有隐蔽在大洋深处的核潜艇无法被一次性摧毁，而且还可以对敌方进行毁灭性的核反击，这就是所谓的二次核打击力量。由此可见，弹道导弹核潜艇对维持一个国家的基本安全具有重大意义。

美国"俄亥俄"级弹道导弹核潜艇

俄罗斯"北风之神"级弹道导弹核潜艇

英国"机敏"级攻击型核潜艇和"伊丽莎白女王"级航空母舰

弹道导弹潜艇都是核潜艇吗

　　弹道导弹潜艇是冷战时期"相互保证毁灭"思想的重要工具,当己方遭到敌方毁灭性的核打击,且陆基弹道导弹和空基战略轰炸机等核武器投射力量已经被毁灭后,弹道导弹潜艇将作为隐蔽的核打击力量给予敌方毁灭性的打击,这被称作"第二次核打击"。冷战时期,对峙双方都建造了相当数量的弹道导弹潜艇,并装备了核导弹。相对于巡航导弹而言,终端速度很高的弹道导弹更不易拦截,虽然其误差比巡航导弹大,但是利用核战斗部超大的有效杀伤范围足以弥补这项缺点。

　　目前,国外正在服役的弹道导弹潜艇包括"俄亥俄"级(美国)、"北风之神"级(俄罗斯)、"台风"级(俄罗斯)、"德尔塔 IV"级(俄罗斯)、"前卫"级(英国)、"凯旋"级(法国)、"歼敌者"级(印度)等。这些弹道导弹潜艇无一例外都采用了核动力装置。

英国"前卫"级弹道导弹核潜艇

法国"凯旋"级弹道导弹核潜艇

　　那么，弹道导弹潜艇都是核潜艇吗？答案是否定的。最早开始建造弹道导弹潜艇的国家是苏联，其建造的第一艘弹道导弹潜艇"高尔夫"级，就采用传统的柴油机加电动马达作为动力来源。"高尔夫"级潜艇是世界上第一艘专门使用全新设计的弹道导弹潜艇，也是迄今为止唯一一大量建造（23 艘）且用于实战部署的常规动力弹道导弹潜艇。该级潜艇在苏联发展核潜艇和潜艇武器装备方面发挥了很大作用。继"高尔夫"级潜艇之后，俄罗斯先后建造了"旅馆"级、"杨基"级、"德尔塔"级、"台风"级、"北风之神"级等多个级别的弹道导弹核潜艇。

采用柴电动力的"高尔夫"级弹道导弹潜艇

　　除苏联外，还有少数国家也建造过常规动力弹道导弹潜艇，但都是作为弹道导弹试验平台且仅建造一艘。例如，法国于 20 世纪 60 年代建造了"电鳗"号潜艇，它安装了 4 个垂直导弹发射筒，主要任务是在水下试射弹道导弹。"电鳗"号潜艇先后试射了 M-112 型、M-012 型、M-013 型等潜射弹道导弹，而此时法国还没有研制出核潜艇。所以和美国不一样，法国是先研制出了潜射弹道导弹，之后才建造了可以填装弹道导弹的核潜艇。这样做的好处是大大加快了核潜艇的服役进度，而且法国潜射弹道导弹的型号比较丰富，技术也越来越成熟，能够使潜艇很快形成战斗力。

攻击型核潜艇与战略核潜艇有何区别

攻击型核潜艇是没有装备战略核导弹，因此无法用于执行战略核打击任务，主要以各种常规弹头的潜射战术导弹及鱼雷为主要武器，用于执行搜索、护航和攻击等任务的核潜艇。与之区别的是战略核潜艇，即装备战略核导弹，主要用于执行战略核打击任务的核潜艇。

从两者的用途来看，战略核潜艇作为一个国家的核威慑力量，起到战略威慑作用，至今未实际用于战争中，因为一旦使用战略核潜艇，就意味着核战争的开启。相比之下，攻击型核潜艇就能在常规战争中随意使用。值得一提的是，攻击型核潜艇也可用于猎杀战略核潜艇，由于其装备大量反潜、反舰导弹，相较于战略核潜艇拥有更强的反潜能力，在水下作战时所能使用的武器更加广泛。综合来看，两种核潜艇并没有优劣之分，也没有高下之别，只是各自所执行的任务和职责不同罢了。

攻击型核潜艇具有隐蔽性强、下潜深度大、水下航速快、续航距离远、机动范围广、攻击力强等特点，是现代海军武器装备的重要组成部分。在世界海军强国中，美国、俄罗斯（含苏联时期）建造的攻击型核潜艇在数量和质量上都处于领先地位，两国建造的攻击型核潜艇均已超过 100 艘。

美国"鲣鱼"级攻击型核潜艇

美国自 1954 年建成第一艘核动力潜艇"鹦鹉螺"号后，1961 年又建成第二代攻击型核潜艇"鲣鱼"级，并成功地将核动力和水滴形艇体结合起来，使其水下航速可达 30 节以上。"鲣鱼"级攻击型核潜艇航速快、续航距离远，能够满足美国海军远洋作战的需要。美国自 20 世纪 60 年代起便停止了常规潜艇建造，潜艇发展全核化，共发展了"鲥鱼"级（4 艘）、"鲣鱼"级（6 艘）、"长尾鲨"级（13 艘）、"鲟鱼"级（37 艘）、"洛杉矶"级（62 艘）、"海狼"级（3 艘）和"弗吉尼亚"级（截至 2022 年 5 月已有 21 艘建成服役）等多个级别的攻击型核潜艇。

美国"鲟鱼"级攻击型核潜艇

美国"弗吉尼亚"级攻击型核潜艇

　　苏联于 1952 年开始发展攻击型核潜艇，1959 年建成第一艘攻击型核潜艇"十一月"号，20 世纪 70 年代取消常规潜艇的设计与建造，开展了 3 个型号的核潜艇研制，20 世纪 80 年代后期恢复常规潜艇的建造。20 世纪 90 年代，俄罗斯开始设计和建造"亚森"级攻击型核潜艇。截至 2024 年，俄罗斯（含苏联时期）共建造了 7 个级别的攻击型核潜艇，分别为"十一月"级（34 艘）、"维克托"级（48 艘）、"阿尔法"级（7 艘）、"塞拉"级（4 艘）、"麦克"级（1 艘）、"阿库拉"级（15 艘）、"亚森"级（截至 2024 年 5 月已有 4 艘建成服役）。

俄罗斯"阿库拉"级攻击型核潜艇

俄罗斯"亚森"级攻击型核潜艇

▶▶▶ 一艘攻击型核潜艇需要配备多少艇员

　　攻击型核潜艇是现代海军武器装备的重要组成部分，不同国家、不同级别的攻击型核潜艇在艇员人数的配备上也有所不同，但艇员的任务划分和各个岗位的人数比例却大同小异。以美国海军"海狼"级攻击型核潜艇为例，其标准的艇员配备为140人，其中军官14人，水兵126人。

　　"海狼"级攻击型核潜艇的高级军官包括艇长、副艇长和四大部门长，四大部门长分别是负责反应堆、推进系统和全艇机电设备的机电长，负责航行和通信系统的航海长，负责武器和声呐系统的武器军官，负责后勤的后勤军官，其他8名低级军官负责各个子部门。126名水兵被分配给以下部门和子部门：机电部门，包括辅机（非核动力机械）、电气、机械、反应堆控制、反应堆实验室等子部门；操作部门，包括导航、通信等子部门；后勤部门，包括厨师、后勤等子部门；武器部门，包括鱼雷、声呐、火控、导弹等子部门。此外，还有一个规模较小的医疗部门。

"海狼"级攻击型核潜艇二号艇"康涅狄格"号的艇员在北极活动

　　美国海军攻击型核潜艇只有一组艇员，不像战略核潜艇分为金、蓝两班轮换出海。当攻击型核潜艇进行作战部署时，除了本艇组成员外通常还会搭载一些特殊人员，包括被称为"幽灵"的密码通信专家，他们上艇后绝大部分时间都把自己锁在通信舱的保密空间里；海军情报部会派出2～3名经过特殊训练的声呐员专门追踪、记录特定的任务目标；潜艇中队或者舰队司令有时也会派代表随艇出海了解任务情况。

美国"洛杉矶"级攻击型核潜艇的艇员在潜艇顶部活动

美国海军其他现役攻击型核潜艇在艇员配备方面与"海狼"级攻击型核潜艇差别不大。"洛杉矶"级攻击型核潜艇有 133 名艇员,其中军官 13 人,水兵 120 人;"弗吉尼亚"级攻击型核潜艇有 135 名艇员,其中军官 15 人,水兵 120 人。

与美国相比,其他国家的现役攻击型核潜艇的艇员人数略少。俄罗斯"亚森"级攻击型核潜艇有 85 名艇员,英国"机敏"级攻击型核潜艇有 98 名艇员,而法国"红宝石"级攻击型核潜艇由于排水量较小,仅有 65 名艇员。

法国"红宝石"级攻击型核潜艇
在港口休整

美国"海狼"级潜艇为何造价惊人

20世纪80年代，随着苏联海军"阿尔法"级、"塞拉"级、"阿库拉"级等先进攻击型核潜艇在大洋深处与美国海军核潜艇一较高下，美国海军认为，现役"洛杉矶"级攻击型核潜艇已很难对苏联潜艇形成优势，因此需要一种性能全面领先苏联现役和在研型号的攻击型核潜艇。这种核潜艇可在北冰洋下执行作战任务，将是美国海军的重要水下力量。为此，美国海军在打造这种核潜艇时，几乎用上了当时全部的先进技术，其结果就是"海狼"级潜艇。

"海狼"级潜艇水下排水量超过9 000吨，其中三号艇"吉米·卡特"号水下排水量高达12 000吨。艇体采用新型钢材建造，呈拉长水滴形，耐压性更好。

作战时潜深超过600米，接近苏联使用钛合金打造的"阿尔法"级攻击型核潜艇的下潜深度。指挥塔围壳得到进一步强化，确保其可突破北极冰层。艉部采用6叶控制舵，水下机动性更好，且更有利于布置拖曳声呐。

建造中的"海狼"级潜艇三号艇"吉米·卡特"号

"海狼"级潜艇将静音性置于设计首位。该级潜艇的指挥塔围壳采用弧形填角，以降低水声噪声，这一设计后来被各国广泛采用。艇上有一套静音核反应堆，一套二级水下推进电机，所有设备均安装在减震浮筏上，以保证隔音效果。"海狼"级潜艇还取消了螺旋桨，采用泵式喷水推进器，进一步降低了噪声。此外，全艇共设有26个噪声和震动侦测器，用以检查自身噪声和震源，并加以修正。美国海军宣称，"海狼"级潜艇能以20节航速在水下航行，静音水平低至100分贝以下，甚至低于背景噪声。最高航速35节，超过大多数水面战舰或潜艇。

"海狼"级潜艇配备先进水声探测与电子系统，不仅可用于作战，还能承担情报搜集任务。该级艇可静默接近敌方海岸或基地，进行抵近侦察。在武器装备方面，与以往美国海军攻击型核潜艇相比，"海狼"级潜艇的鱼雷管数量、口径和其他武器搭载量均大幅增加，提高了其在高威胁海域的持久作战能力。艇上安装 8 具 660 毫米大口径鱼雷发射管，可直接发射"战斧"巡航导弹。该级潜艇共可搭载 50 枚 Mk 48 重型鱼雷、"鱼叉"反舰导弹或"战斧"巡航导弹，几乎是"洛杉矶"级潜艇的两倍。

"海狼"级潜艇首艇"海狼"号

美国海军原计划建造 29 艘"海狼"级潜艇，用以全面替换"洛杉矶"级潜艇。如果要完成这个计划，大概需要 336 亿美元。然而，随着苏联解体，失去作战目标的"海狼"级潜艇很快了美国削减军费的牺牲品。1992 年，美国政府决定在建造 3 艘"海狼"级潜艇后，转而建造吨位更小、造价更低的"弗吉尼亚"级潜艇。1997 年，"海狼"级潜艇首艇"海狼"号建成服役，实际完工时造价高达 24 亿美元。三号艇"吉米·卡特"号于 2005 年建成服役，造价高达 35 亿美元，成为当时世界上造价最高的核潜艇，直到 2013 年这一纪录才被打破。

作为美国海军尖端的水下装备，"海狼"级潜艇长期部署在北方海域，时常出入北冰洋。其中，"吉米·卡特"号执行的任务最特殊。与前两艘"海狼"级潜艇相比，"吉米·卡特"号潜艇加装了一段长约 30 米的多任务舱段，以搭载特种部队和相关设施，为了开发这一舱段，美国耗资达 9.23 亿美元。多任务舱段出入口可与新一代"海豹"水下输送系统结合，搭载更多的水下机器人和无线电侦听浮标等。据外媒猜测，"吉米·卡特"号潜艇拥有使用水下机器人窃听海底光缆的能力。在找到海底光缆后，水下机器人可进行信号窃听、破译、记录和传输，随后潜艇计算机对信号进行解码和破译，获得普通侦听手段无法获知的情报。

"海狼"级潜艇二号艇"康涅狄格"号在北极破冰而出

美国海军航空母舰战斗群中的"海狼"级潜艇

▶▶▶ 美俄两国的巡航导弹潜艇有何不同

巡航导弹潜艇是冷战初期诞生的潜艇种类,最初也采用水上发射设计。由于巡航导弹导引设计的技术门槛较高,因此巡航导弹潜艇装备到部队的时间晚于弹道导弹潜艇。

1964年2月,美国在"鳕鱼"号常规潜艇上搭载"天狮星"巡航导弹,进行了发射试验并取得成功。然而,因为研发核武器与二次核打击战略的指导,潜射弹道导弹成为美国研发的优先项目,潜射巡航导弹无论射程还是精度都无法得到军方垂青,因此被暂时搁置。

相对于美国,苏联在研发巡航导弹方面一直都投注很大的心血,但是它们并非要对抗陆上战略目标,而是要对抗海上的战略目标:航空母舰战斗群。苏联将巡航导弹潜艇作为长程反舰导弹的载体。由于苏联评估自己缺乏足够能力去消灭以美国为首的北约国家水面舰队,而这些舰队是西方国家控制海权的关键,因此苏联千方百计地研究反航空母舰战术。在苏联看来,能在美国海军航空母舰战斗群攻击范围外发动攻势的长程反舰导弹是理想的反击武器,而这种武器的最佳投射者为轰炸机与潜艇。1956年,苏联海军将一艘"威士忌"级潜艇改装携带 SS-N-3C 反舰巡航导弹,并且成功进行了发射试验,随后苏联开始研发第一级巡航导弹潜艇——"回声"级。自此之后,苏联发展了一系列巡航导弹潜艇。到1980年"奥斯卡"级巡航导弹潜艇开始服役时,苏联已经拥有完整的巡航导弹潜艇体系。不过"奥斯卡"级巡航导弹潜艇之后,俄罗斯没有再建造巡航导弹核潜艇,而是着重发展多用途攻击型核潜艇。

"回声"级巡航导弹潜艇

美国重新为潜艇配备巡航导弹是在"战斧"巡航导弹研发成功之后，由于精准打击武器的效果在测试中已被认可，在20世纪90年代以后的局部战争中备受肯定，美国海军为各种舰艇整合了巡航导弹的发射功能。美国最早的巡航导弹潜艇是"洛杉矶"级攻击型核潜艇的

俄罗斯"奥斯卡"级巡航导弹潜艇

后期型，它们配备了"战斧"巡航导弹发射管。随后因核武器控制协议的管制加强，美国将4艘"俄亥俄"级弹道导弹核潜艇改造为巡航导弹核潜艇。对于一般的攻击型核潜艇，美军也研发了专用发射管套件，让所有的攻击型核潜艇都具有巡航导弹的投射能力。

尽管美国海军和俄罗斯海军都有巡航导弹潜艇这个潜艇类型，但其作战任务是截然不同的。美国的巡航导弹潜艇主要装备巡航导弹，可以作为二次核打击力量或者战术打击力量的一部分。而俄罗斯的巡航导弹潜艇则装备反舰导弹，以攻击航空母舰等水面战舰为主。

"俄亥俄"级弹道导弹核潜艇首艇"俄亥俄"号被改装为巡航导弹核潜艇

▶▶▶ 俄罗斯第五代核潜艇有何特别

　　目前，俄罗斯正在对第四代"北风之神"级弹道导弹核潜艇和"亚森"级攻击型核潜艇进行改造，目标是建造一种通过更换战斗模块就能具备上述两种潜艇功能的第五代核潜艇。

"北风之神"级弹道导弹核潜艇

　　据悉，俄罗斯第五代核潜艇的代号为"哈士奇"，由孔雀石设计局于 2014 年 12 月开始研制。2016 年 8 月，俄罗斯国防部与军工单位签订了"哈士奇"级核潜艇研制协议。若项目按期完工，俄罗斯海军将先于美国海军配备第五代核潜艇。

　　"哈士奇"级核潜艇由核反应堆、推进器、防御系统和指挥中心组成，在艇身中部的指挥塔与艇艏之间有多个预留位置，每个位置均可装入舱段等模块系统。这些模块系统只需与艇上的指挥、信息及服务系统联通就能发挥功能。

　　有军事专家表示，战略导弹核潜艇负责执行远洋战斗值勤任务，携带巡航导弹的多用途攻击型核潜艇常用来执行监视任务。舰队通常每次派遣一种潜艇执行任务，因此如果一艘潜艇能通过更换战斗模块反复"变身"，就可显著减少对潜艇总数的需求，潜艇水兵及维修人员的数量也随之减少，从而节约大笔经费。

"亚森"级攻击型核潜艇

依据现有设计，排水量约 1.2 万吨的"哈士奇"级核潜艇将配备"锆石"高超音速反舰导弹。艇上将配有新式指挥、信息和声呐系统，能接入俄军统一的信息传输系统。核潜艇表面将使用多层复合材料制成的消声蒙皮，使潜艇噪声水平与海洋自然噪声相同。潜艇的隐身水平也将比目前高一倍。一艘"哈士奇"级核潜艇预计可服役 52 年。

"哈士奇"级核潜艇结构图

堪称宿敌的潜艇和航空母舰孰强孰弱

　　从二战开始，航空母舰和潜艇就在茫茫大洋中展开了生死对决。此后数十年，两个老对手在激烈的对抗中不断发展，到如今均已成为现代海军的核心装备。目前，航空母舰仍是海军实力的象征和维护海上霸权的头号利器，而潜艇在海军中的地位也不容小觑，堪称衡量海军力量的"第二指标"。

　　现代潜艇不仅保持着传统的隐形能力（新材料技术的发展使潜艇的隐形技术得以不断完善），搭载武器的威力和攻击距离也比过去有了很大进步。潜艇可携带射程为几百千米的反舰导弹，在距离航空母舰几百千米外的地方发动攻击。航空母舰却难以在这个距离上发动对潜艇的攻击，因为它很难发现潜艇。即便航空母舰可以使用舰载反潜机大量投放声呐浮标，对附近海域进行地毯式搜索，但在没有任何迹象或者潜艇没有任何攻击行动前，这种不计成本的做法是行不通的。根据北约解密档案，北约对俄罗斯潜艇的跟踪只有11%的发现概率和不到1%的攻击成功率。因此，若要完成对潜艇的发现、定位、攻击、消灭实属不易。

　　此外，潜艇的航速及续航能力也大为提高。以俄罗斯"奥斯卡"级巡航导弹核潜艇为例，其水面航速为16节，水下航速可达32节，续航能力为30万海里。它可以占据敌方航空母舰航线的前方阵地，在导弹的最大射程内用多枚导弹攻击航空母舰。一般来说，击毁一艘大型航空母舰需要2～7枚导弹，齐射数为4～15枚，而"奥斯卡"级巡航导弹核潜艇足足装备了24枚导弹，因此可进行二次攻击。

　　然而，潜艇也并非没有弱点。潜艇在水下活动时对几百千米外的感知能力十分有限，这就意味着即使潜艇有能力攻击几百千米外的目标，但在发现目标、确认目标、制导等方面还有很多难题，目前仍在潜艇部队中占多数的常规动力潜艇的作战能力也远不能与核潜艇

俄罗斯海军"奥斯卡"级巡航导弹核潜艇

相比。更何况航空母舰能有效地组织多层防御体系来拦截导弹等空中攻击武器，并有最好的反潜武器——核潜艇护身。核潜艇可以堵在敌方核潜艇基地附近，进行一对一追踪。敌我双方的潜艇都在同一物理介质内作战，拥有在同一深度工作的声呐，这就决定了潜艇能比其他反潜兵器更好地执行反潜任务。

美国国防部曾经提出一份预测报告，认为潜艇与航空母舰的交换率为3～5：1。因此，在对航空母舰实施攻击时，必须使用不少于3个潜艇战术群（7～8艘潜艇）方可达成预期作战目的——损失两个潜艇战术群（5艘潜艇）后，另一战术群（2～3艘潜艇）才能趁机突破航空母舰的直接警戒而占位攻击，并将航空母舰至少击成重伤。

总体来说，在现代海军装备的发展过程中，航空母舰和潜艇的卓越战斗性能和作战表现基本确立了它们作为现代海军核心装备的地位。双方各有优势，也各有短板，没有哪一方能取得压倒性的优势。

美国海军"洛杉矶"级攻击型核潜艇

英国海军"特拉法尔加"级攻击型核潜艇

▶▶▶ 潜艇为什么会害怕驱逐舰

　　自二战以来，驱逐舰就逐渐发展成为主要的反潜舰种。如果说护卫舰具有一定的反潜能力，那么驱逐舰则具有完备的反潜能力。反潜是驱逐舰的主要作战任务之一，其主要反潜作战方式为：先通过声呐侦测到潜航中的潜艇的大概位置，然后航行至相应海域，投放深水炸弹进行覆盖式攻击。由于水是爆炸冲击波的良好导体，深水炸弹不用直接命中，在较近距离爆炸就能够摧毁潜艇，而潜艇搭载的各类武器在射程上都比不过驱逐舰，所以只能选择躲避。二战期间，交战双方在大西洋和太平洋中上演了一幕又一幕"猫捉老鼠"的大戏，并成为各种战争电影的经典题材。因此潜艇怕驱逐舰，就跟老鼠怕猫一样。

　　二战结束后，随着科技的进步和导弹武器的出现，反潜的手段更为复杂多样。驱逐舰也发展为防空型驱逐舰和反潜型驱逐舰两类，前者强调区域防空能力，后者则偏重于反潜。反潜型驱逐舰一般都装备有球鼻艏声呐和拖曳声纳，普遍搭载舰载直升机用于远程反潜。对于近距离探测到的潜艇，使用火箭式深水炸弹进行攻击，二战时通过滑轨投放深水炸弹的方式已经基本被淘汰。距离稍远一点就使用反潜鱼雷进行攻击，再远一点就使用火箭助力鱼雷攻击。如果距离还远，就派出反潜直升机飞往目标区域，投放吊放声呐进一步探测，发现目标后投掷航空反潜鱼雷进行攻击。

专门负责反潜的俄罗斯海军"无畏"级驱逐舰

面对如此丰富的反潜手段，潜艇只能想尽一切办法降低各种噪声，增强隐蔽性。目前，潜艇对于驱逐舰搭载的直升机，仍然缺乏有效的反制手段。一旦被敌方驱逐舰发现，潜艇几乎没有生还的可能。虽然某些国家已经在研发采用光纤制导的潜射对空导弹和对舰导弹，但是距离大量装备部队还尚需时日。

当然，上述情况只是针对常规潜艇而言。对于攻击型核潜艇来说，则是另一番格局，它完全具备摧毁驱逐舰的实力。当驱逐舰遇到攻击型核潜艇，也只能暂避锋芒。

俄罗斯海军"阿库拉"级攻击型核潜艇

韩国从德国引进的 209 型常规潜艇

AIP潜艇与传统柴电潜艇相比有何优势

AIP潜艇指的是使用不依赖空气推进发动机作为动力的潜艇，AIP是air independent propulsion的缩写，意为"不依赖空气推进"。与传统的柴电动力装置相比，AIP由于自身就可提供氧气，因此潜艇不需要经常浮出水面，可以长时间在水下航行，从而大大提高了其生存能力和持续作战能力。

一般来说，常规动力潜艇不能在水下长时间的航行，必须经常上浮至海面"呼吸"，即在通气管航行状态下使用柴油机为蓄电池充电。这样就很容易被敌方雷达发现，同时柴油机为蓄电池充电时的噪声，也极易被敌方水声器材探测到，因而大大增加了常规动力潜艇暴露的概率，使其生存受到严重的威胁。为此，各国海军一直在探索无须借助空气的推进方式。

早在二战期间，德国和苏联就已经开始研究AIP系统。此后数十年，各大海军强国一直没有停止研究AIP的脚步。20世纪60年代初，瑞典海军联合瑞典国防物资局、考库姆公司等单位，开始对AIP系统发起技术攻关。经过20余年的不懈努力，考库姆公司终于在20世纪80年代初研制出斯特林发动机AIP系统，并于1985年进行了首次试验。1988年，瑞典海军开始用AIP系统改造一艘"水怪"级潜艇。他们将潜艇从中间割开，加装了一段长约8米的舱段，用于安装AIP系统的各个部件。这艘改造后的"水怪"级潜艇后来成功进行了一系列海试。

20世纪90年代初，瑞典海军决定为"哥特兰"级潜艇安装AIP系统。1996年7月，"哥特兰"级首艇开始服役，由此拉开了世界常规潜艇AIP时代的序幕。时至今日，瑞典、德国、法国、俄罗斯、日本等国均已制造出采用AIP系统的潜艇。

从各种类型的AIP系统的试验情况以及实际使用结果来看，装备了AIP系统的常规潜艇，明显地减少了潜艇使用通气管航行的时间，增加了潜艇的水下续航能力，降低了潜艇暴露的概率，弥补了常规潜艇水下续航能力不足的重大缺陷。此外，AIP系统还具有体积小、重量轻、噪声小、运行费用低等优点。

AIP系统可使常规潜艇的作战效能成倍提高，大大缩小了常规潜艇与核潜艇之间的差距。大多数国家的海军受限于多种因素而无法拥有核潜艇，AIP潜艇因此就成了他们的最佳选择。

德国海军 212 型 AIP 潜艇

日本海上自卫队"苍龙"级 AIP 潜艇

瑞典海军"哥特兰"级 AIP 潜艇

西班牙"伊萨克·培拉尔"级 AIP 潜艇进行海试

潜艇使用锂电池是否存在安全风险

2020 年 3 月，日本海上自卫队"凰龙"号潜艇（SS-511）的交付入列仪式在三菱重工神户造船厂举行。该潜艇是"苍龙"级常规潜艇的第 11 艘，与前 10 艘"苍龙"级潜艇不同，"凰龙"号潜艇使用锂电池代替传统常规潜艇使用的铅酸电池，是世界上首艘使用锂电池提供动力的潜艇。该潜艇的建造费用高达 660 亿日元，约合 43 亿元人民币。其艇体长度为 84 米，宽度为 9.1 米，水下排水量为 3 300 吨，最高潜航速度为 20 节。

与传统常规潜艇相比，"凰龙"号潜艇有着一系列优势，传统常规潜艇使用柴油机给铅酸蓄电池充电，铅酸蓄电池体积和重量都很大，而且充电慢、储电量少，每充十几个小时，只能供潜艇以几节的速度在水下航行一天，之后就必须浮到水面充电，因此隐蔽性较差。而"凰龙"号潜艇使用的是锂电池，与同体积的铅

"凰龙"号潜艇

酸电池相比，锂电池储电量翻倍并且充电速度很快，其水下工作时间少则一周，多则十几天。另外，"凰龙"号潜艇的内部空间明显更大，信息化水平也较高，且艇员编制一共只有 65 人。

日本防务省认为锂电池是未来常规潜艇的发展方向。2021 年 3 月开始服役的第 12 艘"苍龙"级潜艇"登龙"号（SS-512）同样采用了锂电池。不过相关专家指出锂电池存在不少安全风险。因为锂的化学性质十分活泼，锂电池在放电或充电时，内部的温度会持续上升，再加上活化过程中产生的气体膨胀，会导致内压增大，如果电池外壳有破损，会导致漏液、起火甚至爆炸。目前主流的 AIP 潜艇大多使用铅酸电池也是这个原因。

2013 年，一架波音 787 客机在机场检修时突然着火，当时机上只有一名工程师，发动机并没有启动，事后经调查发现，事故原因是日本汤浅公司生产的锂电池发热

自毁了。而"凰龙"号和"登龙"号潜艇安装的锂电池也是由日本汤浅公司研发的。尽管该公司称"苍龙"级潜艇在换装锂电池后，能够将之前水下持续航行的两周时间延长到一个月，并且能够大大减少浮出水面充电的时间，隐蔽性丝毫不比核潜艇差，但是只字未提锂电池的安全性能是否有所提高。

日本"登龙"号潜艇

>>>> 研发潜射弹道导弹需要克服哪些难题

　　潜射弹道导弹作为三位一体战略核力量（陆基核武器、空基核武器、海基核武器）的重要一员，自美国第一代潜射弹道导弹"北极星"诞生以来，就一直被各大军事强国所重视。不过，潜射弹道导弹的制造和发射技术非常复杂，目前世界上只有极少数国家掌握了这项技术。具体来说，研发潜射弹道导弹必须克服以下难题。

第一，水下发射技术。潜射导弹要实现水下发射，就必须有一个先进的水下导弹发射系统。简单来说，潜射导弹的发射技术可分为"冷发射"和"热发射"两种。所谓"冷发射"是指借助外力实施发射。导弹先在发射装置中借助高压气体弹出，到达一定高度后，再借助火箭推进器进行点火。"热发射"则是依靠导弹的自身动力实现点火发射。即导弹在水下点火后，通过自身的推力射出水面，最大的技术难点是助推器在水中的点火技术。由于水的密度是空气密度的800倍，因此水下发射环境与陆上有着天壤之别，如果点火失败，或者助推装置及其辅助系统设计不当，很容易引起高背压、水压和气压相互干扰、导弹出水后载荷失调等各种问题，最终导致发射失败。

美国"俄亥俄"级弹道导弹核潜艇在水下发射"三叉戟Ⅱ"弹道导弹

第二，推进技术。导弹射程的长短由导弹的推进系统决定。推进系统主要由发动机和推进剂供应系统（即燃料）组成，发动机是其核心，发动机动力越强劲，其推进系统的动力就越大，导弹的射程就越远。为此，美国、俄罗斯都在大力发展动力强劲的超燃冲压发动机、多脉冲发动机。此外，减轻发动机质量也是提高发动机性能的一种途径。最常见的办法是采用新型复合材料（如新型增强纤维、树脂复合材料等）作为发动机壳体材料，以降低发动机重量。在推进剂方面，部分国家在探索采用无烟少焰推进剂、高能复合推进剂、改性双基推进剂等，以提高发动机的推力，增大导弹的射程和载弹量。

第三，制导与控制技术。与陆基弹道导弹一样，潜射弹道导弹一般采用惯性制导和卫星导航相结合的方式进行制导。但潜射导弹技术比陆基导弹更复杂的地方在于，潜射导弹发射前的自身位置信息由发射平台潜艇实时提供，导弹将这些初始信息和自身的制导信息结合起来，利用导弹内部的计算机分析并计算后，实时修正弹道。如果导弹出发点的坐标发生偏移，那么导弹落点发生偏移的可能性会更大。所以，潜射导弹要实现精准打击，不仅对导弹自身的制导精度要求高，而且对潜艇也有相当高的要求。

英国"前卫"级弹道导弹核潜艇试射
"三叉戟 II"弹道导弹

第四，战斗部技术。战斗部是导弹的毁伤装置，直接决定导弹的威力。通过改进和发展战斗部技术，提升导弹的突防能力是军事强国改进导弹性能的有效途径。弹道导弹的战斗部主要有两种：一种是战斗部携带一枚真弹头和几枚假弹头，当到达既定距离内，真弹头和假弹头同时释放，迷惑敌方防空系统，同时释放功率强大的无线电、噪声等信号，干扰敌方反导雷达；另一种是分弹头技术，可攻击多个目标，使敌方反导系统疲于应对。

第五，可靠的运载工具。潜射弹道导弹的运载工具主要是核潜艇，它可以长时间隐蔽潜航，不用像常规潜艇那样定时浮起充电，因此暴露的概率较小。核潜艇可以根据需要，潜行至指定发射地点，发射导弹后可迅速转移，避免被摧毁。所以，弹道导弹核潜艇具备陆基和空基核打击手段所不具备的二次核打击能力。因此，研制核潜艇已成为各国发展核打击能力、拥有潜射弹道导弹技术必须克服的难题。

俄罗斯"台风"级弹道导弹核潜艇

>>> 潜射导弹的头部为何多为钝圆形

按照常识，导弹的头部采用尖锥形可以更好地减小空气阻力并减少发动机能耗，从而提高速度，尽可能地扩大射程。因此，世界上主流的陆基洲际弹道导弹，无论俄罗斯的"白杨M"导弹，还是美国的"民兵3"导弹，无一例外都采用了锥形减阻战斗部设计。

事实上，大多数早期潜射导弹也都采用尖头设计，如美国的"北极星I"导弹、俄罗斯的SS-N-6导弹等。然而随着潜射导弹技术研究的逐渐深入，其头部也逐渐向圆形过渡，例如，美国的"三叉戟"导弹、俄罗斯的SS-N-32导弹均采用了钝头体外形。这是因为水的密度约为空气密度的800倍，尖头形物体在水中的运动并不稳定，如果潜射导弹采用尖锥形头部，其后部就需要安装一个较大的圆锥体以稳定导弹在水中的姿态。这样不仅增加了导弹的长度，还会使导弹破水而出时由于阻力的急剧减小而姿态紊乱，进而有可能导致发射失败。

钝头体外形之所以适用于潜射导弹，还有空泡效应的作用。由于该形状弹头顶部表面积较大，因此在推进过程中可以打开较大的水域，弹头可以在膨胀的空腔中向前移动，如果在弹头上增加气泡发生器，就可使其在水中的阻力达到最小化。

虽然钝头体外形解决了水下发射问题，但也带来了新的困难，即其在空气中的阻力增加，导弹的速度和射程也会因此降低。为了解决这个问题，美国人选择在"三叉戟"导弹的头部安装可伸缩的减阻杆，导弹发动机点火后，减阻杆伸出并刺穿空气。虽然这种针状的减阻杆并不起眼，但它可以将"三叉戟"导弹升空时的阻力降低 50%，并增加至少 300 千米的射程。

采用尖头设计的
美国"北极星 I"潜射弹道导弹

采用圆头设计的
美国"三叉戟 II"潜射弹道导弹

>>> 俄罗斯"波塞冬"无人潜航器为何被称为末日武器

与传统海战具有的集群对峙、抵近攻击、机动缓慢等特点相比，现代高科技海上作战样式多元、作战空间广阔、作战节奏紧凑。俄罗斯以"波塞冬"为首的系列无人潜航器的快速发展就是佐证。

“波塞冬”无人潜航器模型图

就装备性能而言，无人潜航技术是推动海洋战场态势融合的有力支撑。和平时期，海军无人装备能够提前探测战场的水文电磁环境，掌握敏感海域的战场环境。战争时期，海军无人装备不仅可以作为侦察打击单元，还可以作为网络传输节点。无人潜航器负责发现和识别水下环境数据信息，在无人机、无人艇等平台之间搭建数据交互链路，共享信息，在实现协同作战的同时，也能够整合海军作战力量，提升海洋作战系统的可靠性和风险承受能力。

在反潜战中，潜艇、海上巡逻机等有人平台价格昂贵，无法大量建造使用，而利用廉价的海上无人系统平台形成的网络化作战力量，虽然无法完全替代有人平台，但在经济效益上，可高效替代有人平台执行任务。因此发展无人潜航器将缓解各国之间军事博弈带来的经济压力。

2018 年，俄罗斯对外公布了“波塞冬”无人潜航器。这款无人潜航器从 2019 年开始进行试验，俄罗斯将其列入“2018—2027 年武备计划”中，预计会在 2027 年之前装备部队。虽然目前关于这款无人潜航器的信息不多，但是从已经透露的信息来看，它的性能十分强大。“波塞冬”无人潜航器的水下航行速度可达 200 千米 / 时（约 108 海里 / 时），远远超过各国现役核潜艇。一旦“波塞冬”无人潜航器锁定目标，很少有潜艇能够逃脱。

俄罗斯很早就开始研发深水潜航器。早在 20 世纪 60 年代末，苏联就已经研制出先进的 L2 型潜航器。如今，俄罗斯将继续在这个领域进行研发，并计划研制出符合现代作战要求的自动化潜航装备。俄方希望它能自动检测水下物体，并对其进行分析，从而判断是否需要对其进行打击。"波塞冬"无人潜航器采用核动力装置，能够不受限制地自由航行，其航程近乎无限远。与其说它是一款大型无人潜航器，不如说它是一款具备先进性能的无人核潜艇。关于"波塞冬"无人潜航器的下潜深度，目前还没有确切的数字，不过有报道猜测它能下潜到 14 000 米的深度。

另外，"波塞冬"无人潜航器受到多方关注的主要原因是它具备使用核武器的功能，其能够携带 200 万吨 TNT 当量核弹头的鱼雷装置，这种鱼雷不仅能够对敌方的水面战舰造成伤害，而且还能对附近的城市进行打击。它在爆炸时产生的杀伤范围预估将达到 10 千米以上，在此范围内的所有舰艇都会受到影响，包括航空母舰在内。如果使用"波塞冬"无人潜航器去对敌方的海军基地进行袭击，预计只要一发就能将其彻底摧毁。如今的航空母舰战斗群不但要面对导弹、潜艇的袭击，未来可能还要对抗像"波塞冬"这样的潜航装置。这也难怪"波塞冬"无人潜航器被美国人称为后冷战时期的"末日武器"。

"波塞冬"无人潜航器艺术想象图

▶▶▶▶ 柴电潜艇如何避免水兵因缺氧而死

在潜艇、航空、矿井等领域中，一些特殊情况下需要作业人员在密闭空间生存一段时间。作业人员在密闭空间长时间生存时，需要控制密闭空间的二氧化碳和氧气平衡，氧气含量过低或者二氧化碳含量太高都会致命。

对潜艇来说，柴电潜艇和核潜艇所能采用的制氧方法并不相同。核潜艇可以采用电解海水法为艇内的水兵制造氧气，而柴电潜艇由于电力供应极为紧张，所以无法沿用核潜艇的制氧方法。目前，柴电潜艇通常使用超氧化钾作为产氧剂，以与人体呼吸熵相适应的方式吸收二氧化碳并同时放出氧气。

柴电潜艇的动力有两组，一组是柴油机，另一组是电动机。柴油机主要用于在水上航行，同时为铅酸电池充电，这时航速为 10 ～ 15 节。而电动机会作为发电机，当充电完毕要潜航时就会把柴油机关掉，以免在水中耗尽潜艇内的氧气，从而造成艇员缺氧而死，同时释放先前在铅酸电池中储存的电能来开动电动机，推动潜艇前进，此时若为高航速（12 ～ 20 节）就只能潜航 1 小时左右，若为低航速（2 ～ 4 节）则可潜航 10 小时左右。

柴电潜艇通常都是在日间以低速潜航在水中，到了晚上可借黑夜上浮至水面进行充电，每次充电时间为 10 ～ 12 小时，现在使用快速充电器也要 4 ～ 6 小时。柴电潜艇采用超氧化钾药片会把水兵呼出来的二氧化碳循环成为氧气，超氧化钾药片会以化学方法把二氧化碳中的碳原子分离走，从而把二氧化碳变回氧气，与此同时，超氧化钾药片会渐渐变黑直至最后失活。

日本"亲潮"级柴电潜艇内部的狭窄走廊

英国"虎猫"号柴电潜艇的柴油机

各国海军为何禁止或限制女性加入潜艇部队

　　二战结束后，性别平等主义、女权主义越来越被世人认同，因此在社会上有越来越多的岗位和工作已面向女性群体开放，在军队中也是如此，如第一位女性宇航员、第一位女性战斗机驾驶员、第一位女性坦克驾驶员等。然而，在很多国家的军队中，有一个兵种长期被称为"女性禁区"，那就是潜艇兵。不过，这种局面也在逐渐被打破。

　　2018 年，日本自卫队取消了女兵在潜艇中服役的限制。2020 年 10 月 29 日，日本首批女性潜艇兵正式入列，共有 5 人。这一批女性潜艇兵，也是亚洲历史上第一批正式进入潜艇部队服役的女性。但早在日本之前，美国、英国、挪威、瑞典、澳大利亚、加拿大、委内瑞拉、阿根廷、德国、法国、荷兰、南非就已经率先招收女性进入潜艇部队服役，加上日本，在世界范围内已经有十余个国家拥有女性潜艇兵。

　　1985 年挪威海军率先将潜艇部队开放给女性，1995 年一名挪威海军女军官成为世界上第一位女性艇长。而美国最初是在 2010 年解除潜艇部队对女性的限制，同年出现了首批女性潜艇兵和女军官。英国则在 2011 年底宣布潜艇部队将对女性开放，并开始招收女性潜艇兵和女军官。不过到了 2022 年，在美国海军潜艇部队服役的女性也只有 300 余人。美国的潜艇部队规模十分庞大，拥有七十多艘核潜艇，平均下来，每艘潜艇仅有个位数的女性在服役。也就是说，女性在潜艇部队中所占的比例是相当低的。究其原因，主要有以下几点。

　　首先，潜艇内部空间狭小，尽管是在军队中，也要注意隐私问题。如果让女性进入潜艇中服役，不可避免地要提供必要的设施和隐私空间。英国在 2011 年宣布潜艇开始招收女兵的同时，也宣布将批准 300 万英镑的资金用来改善潜艇的居住环境与洗浴设施，为女性潜艇兵提供最大可能的便利。美国也进行过类似的改进，但仍不能彻底地解决隐私保护的问题。

　　其次，由于生理构造的不同，男性比女性更能适应深海中的低压环境。潜艇上的工作比水面舰艇更累，环境也更恶劣，在必要时还需要进行抢修、紧急密封等工作，体格和力量较小的女性并不适合此类工作。

　　总而言之，各国禁止或限制女性加入潜艇部队，是出于各方面原因，综合考虑之下才作出的决定。

美国海军"俄亥俄"级弹道导弹核潜艇的女性潜艇兵

英国海军"机敏"级攻击型核潜艇的女兵

潜水快艇在军事领域有何发展前景

在 2019 年 10 月举行的英国国际防务展上，一家英国快艇制造公司推出了一款名为"Victa"的潜水快艇，主要用于特种作战。这款潜水快艇全长约 11 米，由碳纤维制成，只有 9 吨重，其最大特点是同时具备快艇与潜艇的功能，既可以潜行，也可以在水面高速航行。无疑，Victa 潜水快艇的问世对于传统的两栖作战模式影响巨大。

潜水快艇是可以在水面和水下自由切换的载具，其军事用途已逐渐得到重视。众所周知，抢滩登陆、背水攻坚是一项风险极高的任务。据统计，登陆部队从水面向滩头行进的过程是登陆作战中最危险的时刻，这个过程不但持续时间长，并且登陆部队完全暴露在敌军的炮火之下，登陆部队必须在枪林弹雨中冲锋，相当脆弱。美国海军陆战队就一直在研究如何更安全地从舰到岸部署部队，而潜水快艇就是可行手段之一。

以 Victa 潜水快艇为例，作为快艇在水面行驶时，由 2 台柴油发动机提供动力，最高速度可达 40 节，最大航程为 250 海里。潜水航行时，动力改由锂电池提供，最大下潜深度为 30 米，最高速度为 8 节，可潜航 25 海里，自带氧气可供 8 名艇员在水下呼吸 4 小时。在作战中，Victa 潜水快艇可从水面高速接近战区，进入敌方射程后则潜入水下，因此隐蔽性好，可大大降低敌方火力威胁。除了用于传统的登陆作战外，Victa 潜水快艇还可通过 CH-47 直升机吊运，同时兼容空中、水面、水下三种渗透方式，所以也很适合搭载特战人员实施秘密侦察等任务。

　　虽然现在面世的潜水快艇还不多，但它已经开始崭露头角。2017 年 4 月 17 日，美国 HSP 技术公司就展示了自己研发的 Hyper-Sub 潜水快艇。该艇体长度为 13.7 米，排水量约 13.6 吨。内部安装 2 台 353 千瓦的柴油发动机，驱动快艇可在装载 2.7 吨载荷的情况下以 27 节的速度航行。潜入水下后，Hyper-Sub 潜水快艇在 2 台电动推进器的驱动下以 6 节的速度潜行。艇上的电池和生命支持系统能维持平均 12 小时的水下作业，电池耗尽后还能以半潜的方式用柴油发动机继续航行，同时为电池充电。

　　在 2019 年兰卡威国际海事和航空航天展上，新加坡 DK 海军技术公司推出了一种名为"Seekrieger"的可潜水快速攻击艇概念模型。Seekrieger 快速攻击艇采用可收放式的三体滑行结构，提高了耐波性和滑行时的稳定性，下潜时两侧的两具浮筒可收缩进艇体。Seekrieger 快速攻击艇一旦变成潜艇状态，就可以快速回收艇体外的设备，进行下潜，水下最高航速可达 30 节，并且可以通过光电传感器桅杆探测水面信息。Seekrieger 快速攻击艇还配备了 3 座小口径机关炮遥控武器站和 2 座鱼雷发射管。

　　综上所述，随着技术的不断成熟，潜水快艇很有可能将在各国海军装备中占据一席之地，同时在水下探险、旅游观光、打猎、捕鱼、生态保护、执法等领域，潜水快艇的应用前景也十分广阔。

Victa 潜水快艇模拟图

Hyper-Sub 潜水快艇在水面航行

被称为"潜艇保姆"的潜艇供应舰有何作用

　　潜艇供应舰也被称为潜艇母舰，是专门负责为潜艇提供后勤支援的专用舰艇，可为潜艇补给燃料、弹药、淡水、食物、日常用品等补给品。此外，舰上还为潜艇兵提供了用于休息、淋浴、娱乐的各类设施，以便长期在水下作业的潜艇兵得到喘息的空间。

　　潜艇供应舰的诞生是由于早期的潜艇吨位有限，通常不具备携带大量食物、燃料、鱼雷和其他补给品的能力，也没有能力携带全套维修设备和相关技术人员，因此潜艇供应舰就应运而生。潜艇供应舰负责为潜艇进行补给，并且还能作为艇上人员的浮动宿舍，有些配备了机械车间的潜艇供应舰可为潜艇进行简单的修理，还有的潜艇供应舰携带了深潜救生艇，可营救失事潜艇上的人员。

　　二战时期，潜艇供应舰被参战国广泛使用。二战结束后，由于常规潜艇的AIP 技术、通气管和核动力潜艇的出现，潜艇的海上自持能力得以大幅改善，专用的潜艇供应舰也就逐渐消亡了，但仍有少数舰只在役。例如，美国海军一共建造或改装了 41 艘专用的潜艇供应舰，截至 2022 年仍有 2 艘"埃默里·兰德"级潜艇供应舰在役。

"埃默里·兰德"级潜艇供应舰首舰

"埃默里·兰德"级潜艇供应舰二号舰

"埃默里·兰德"级潜艇供应舰是专门针对"洛杉矶"级攻击型核潜艇建造的潜艇供应舰,是在美国海军20世纪60年代后期建造的"斯皮尔"级潜艇供应舰的基础上改进而来,因此又被称为"斯皮尔"级改进型。该级舰一共建造了3艘,首舰于1979年开始服役。为了应付"洛杉矶"级较以往美国攻击型核潜艇更沉重的轮机装备,"埃默里·兰德"级潜艇供应舰拥有比"斯皮尔"级潜艇供应舰数量更多的支衍柱起重机,而发电能力也比后者更强。"埃默里·兰德"级潜艇供应舰一次最多可傍靠4艘"洛杉矶"级潜艇,并用舰上13层甲板中的53间工厂以及16个弹药库为之进行整补与维修。最初"埃默里·兰德"级潜艇供应舰专门在海上为核潜艇提供支援,之后其功能经过扩充,已成为一种多用途维修支援、勤务支援与输送供应舰船,能同时为核潜艇与水面舰队提供服务。

两艘"洛杉矶"级潜艇傍靠在
"埃默里·兰德"级潜艇供应舰两侧

世界各国如何处理退役核潜艇

目前,世界上拥有核潜艇的国家有美国、俄罗斯、英国、法国、印度等,其中美国在1954年就建造出了世界上第一艘核潜艇"鹦鹉螺"号,截至2022年美国已有100余艘核潜艇退役,在处理退役核潜艇方面的经验非常丰富。

众所周知,核辐射会对人员和环境造成极大伤害。核潜艇的艇员能够正常工作和生活,是因为有反应堆舱的存在,它完全隔离了核辐射。因此拆解一艘退役核潜艇,最重要的就是对艇上反应堆舱和乏燃料的处理。反应堆舱是用来装核反应堆的,而乏燃料就是使用过的核燃料,通常由核反应堆产生,通俗点讲就是核废料。

目前，美国处理退役核潜艇的基本流程如下：①在海军基地拆除核潜艇所有的武器、爆炸装置、机密部件以及相关敏感材料。②装备拆完后，核潜艇将驶往指定船坞进行核反应堆的拆解作业，在此之前核反应堆会关闭一段时间，通常为90天左右，以便短暂地衰减放射性同位素。在这段时间内，潜艇上的一些消耗性物资、工具、备件、非固定性设备或装置都将被拆除。③开始卸载核反应堆内的乏燃料，卸载后的乏燃料有两条处理途径，一是回收再利用，但技术难度大，目前各国均未实现。二是妥善封存后进入长期存储阶段，这是现阶段各国普遍采用的方法。④乏燃料卸载完成后，就开始核反应堆舱段的拆解与处理作业，通常先将整个反应堆舱段拆下，封闭两端开口，再将其运至某个偏僻地点进行集中长期存放。⑤解决了两大关键"废料"后，核潜艇的剩余部分就当普通废品回收处理。

按照上述流程，核潜艇在船厂会被彻底肢解，那么新的问题又来了，能卖的都当废铁卖了，乏燃料和反应堆舱如何处理呢？乏燃料的取出过程将带走反应堆99%以上的放射性物质，然而此时反应堆中仍存在两种形式的放射性物质：一种是诱导型金属放射性核素；另一种是放射性腐蚀产物（主要为钴-60）。这些残留放射性物质中某些元素的毒性可能会残留几十万年，因此必须对反应堆舱进行有效处理。不过，各国至今也未能找到有效的彻底处理退役核潜艇的可行方法。目前采用最多的方法就是将乏燃料与反应堆舱封闭、隔离然后长期存储，使其放射性不扩散、不污染环境。对乏燃料，目前主要是水池存放；对反应堆舱，美国、俄罗斯、英国、法国等国主要采用海洋处理、陆地浅层掩埋和陆地深层掩埋这三种方法。

美国于1954年建造了世界上第一艘核潜艇"鹦鹉螺"号，该艇在退役后于1985年被运至格罗顿潜艇博物馆作为历史文物展出。美国海军第二艘核潜艇"海狼"号采用以金属钠作为冷却剂的核反应堆，军方在其退役后将燃料和堆芯构件取出，然后将核反应堆拆除装在一艘浮船上，拖至大西洋后沉入数千米深的海底，这就是早期的海洋处理法。

退役后的苏联"十一月"级攻击型核潜艇

随着国际社会对核废料处理问题的重视，越来越多限制海洋核废料处理的国际公约被采纳。面对越来越大的国际压力，美国海军启动了"核动力舰船和核潜艇退役计划"，并于1984年推出了一种浅层地表掩埋处理核废料的做法。具体操作步骤为：将退役核潜艇驶入干船坞，再将反应堆舱拆解并密封起来，然后将反应堆舱运往无人区，最后将其掩埋在5米深的地下。美国国土面积较大，采用陆地浅层掩埋方式的安全系数较高，而一些国土面积较小的国家就无法采用这种方式，只能用陆地深层掩埋的办法，但成本就会大幅增加。

乏燃料由于还有部分利用价值，并且将其掩埋会有一定的风险，因此美国的做法是统一回收保存。冷战时期，核武器的生产量较大，美国对乏燃料实行回收再利用的处理方式。冷战后，核武器的生产数量锐减，于是就停止了对废弃核材料的回收和再利用。回收的核潜艇乏燃料统一存放在美国爱达荷国家工程实验室的水池中。随着回收的核潜艇乏燃料越来越多，该水池也即将面临饱和的问题。因此，各国仍要持续研究退役核潜艇的处理方法。相信随着科技的发展，对于退役核潜艇的处理方法必将越来越多元化、规范化。

退役后被拆解的俄罗斯"奥斯卡"级巡航导弹核潜艇

退役后的法国"可畏"级弹道导弹核潜艇

Part 02
构 造 篇

　　潜艇是公认的战略性武器（尤其是在裁军或扩军谈判中），其研发需要强大的全面的工业能力，只有少数国家能够自行设计和生产。弹道导弹核潜艇更是核三位一体的关键一极。潜艇艇体多呈流线型，以减少其在水下运动时的阻力，从而保证潜艇有良好的操纵性。

▶▶▶ 潜艇用钢对性能有何要求

由于潜艇是在极深的海水中航行并进行战斗，服役条件相当苛刻，所以对潜艇用钢要求非常严格，主要要求有高屈服强度、高韧性和高抗爆性、良好的焊接性、良好的耐海水腐蚀性能和抗低周疲劳性能等。

第一，高屈服强度。为提高潜艇的隐蔽性、安全性和技术战术性能，必须尽可能增加潜艇的下潜深度。一般来说，在海水中深度每增加10米，水的压力就增加一个大气压。所以潜艇下潜深度越大，海水对潜艇耐压壳体的压力也越大。增加耐压壳体钢板的厚度，虽然可承受更大的压力，但这将导致潜艇的重量增加，备用浮力损失，承载能力降低。所以，提高钢的屈服强度是唯一可行的方案。潜艇耐压壳体用钢的屈服强度与潜艇下潜深度有密切的关系。钢的屈服强度越高，耐压壳体重量就越轻，潜艇的承载能力就越大，可下潜的深度就越深，潜艇的隐蔽性就越好。

第二，高韧性和高抗爆性。潜艇的工作环境是地球上所有的海洋。海洋的温度是有差异的，在两极温度较低，在赤道区较高，温度的波动为 $-34℃\sim+49℃$，在这个温度范围内，潜艇用钢必须具有良好的韧性。潜艇用钢的韧性要求，比一般的结构钢要严格得多，特别是在潜艇遭受水下爆炸载荷攻击并产生相当大的塑性变形时，也不允许产生脆性破坏，因此还要求其具有良好的抗爆性能。为保证潜艇的安全可靠性，潜艇用钢的韧脆转变温度还要有55℃以上的韧性储备。

第三，良好的焊接性。整个潜艇是一个大型的焊接结构，焊接是潜艇建造过程中必不可少的工艺。从潜艇整体结构的安全性考虑，要求焊缝、热影响区与母材要等强等韧，这是一个相当严格的要求。因为焊接过程是金属重新熔化、重新凝固的过程，它与通过精炼、轧制、热处理等的母材是完全不同的，焊缝获得的是较粗大的铸造组织，而母材是具有良好综合性能的调质组织，两者有较大差异。随着钢强度的提高，碳当量也随之提高，钢的焊接性将变差。因此要求潜艇用钢必须具有良好的焊接性才能满足潜艇建造和使用的技术要求。

第四，良好的耐海水腐蚀性能。潜艇的工作环境是海洋，而海水是一种复杂的、富含多种盐类的平衡溶液，其中含有生物、悬浮泥沙、溶解的气体和腐蚀性有机物。因此要求潜艇用钢在海水中均匀腐蚀小；在应力集中处，不产生局部腐蚀。

第五，抗低周疲劳性能。水下航行的潜艇，除受工作深度所决定的均匀静态外压外，为适应多变的作战需要，它还要不断地改变航行的深度，经常下潜或上浮，潜艇耐压壳体用钢要承受反复的压力，这种不同深度下航行的潜艇所引起的压力循环，可缩短潜艇耐压壳体用钢的使用寿命。在腐蚀环境中，当应力比较高，且反复应力达到材料屈服点的80%时，就要求材料必须具有5 000次循环以上的寿命。按潜艇的服役时间为15年计算，即要求潜艇用钢的抗低周疲劳周期累计不能少于30 000次。

建造中的德国212型潜艇

建造中的法国"絮弗伦"级攻击型核潜艇

水滴形艇体为何被各国广泛采用

19 世纪末 20 世纪初，现代军用潜艇正处于萌芽状态，当时的潜艇设计师为了使潜艇具有出色的水下性能，曾经把潜艇的艇体设计成纺锤形或者雪茄形，以便于降低其水下阻力，利用有限的功率获得尽可能高的水下航速。但是一战爆发之后，世界各国海军追求的是潜艇攻击水面舰艇的效果，在这种思想的指导下，世界各国海军仅仅把潜艇作为一种可以潜入水下的水面舰艇，因此，这一时期潜艇设计的重点在于追求其水面航行性能，并且这种指导思想一直持续到二战中后期。

二战中后期，盟军加强了反潜作战的力度，因此迫使德国和日本加大了对以水下活动为主的新型潜艇的探索和研究力度。于是，德国和日本的水下高速型潜艇应运而生。潜艇的设计思想转变为以水下性能为主。而对潜艇水下性能展开大规模科学性和系列性的深入研究，则始于 20 世纪 40 年代末期。

二战刚刚结束，美国海军就对潜艇的艇体线型展开了研究。1948 年初，当时担任美国海军潜艇作战部队副司令的海军少将查尔斯·莫姆森提出了建造一艘具有最佳水下性能的战后潜艇的建议，他的这项建议得到了美国海军的认可之后，大卫·泰勒试验水池的研究人员建议展开潜艇模型的系列性研究，以便确定水下高速潜艇的艇体线型。经过严密的计算和系列实验后，大卫·泰勒试验水池的研究人员最终确认，水滴形艇体线型是水下高速潜艇的最佳线型。为了进一步验证水滴线型的适用性，研究人员又在美国航空研究所的兰利风洞进行了试验、比对和验证。经过了长达数年的研究，最后美国海军决定建造"大青花鱼"号潜艇作为水滴形艇体的试验型潜艇。

"大青花鱼"号潜艇仅是一艘试验型潜艇，因此艇上没有装备任何武器设备，尽管如此，美国海军利用该艇进行的一系列试验都取得了出色的成果，这对美国海军之后的潜艇发展乃至世界各国海军潜艇的设计和发展都产生了深远而广泛的影响。其试验中取得的 33 节高航速，不仅刷新了美国海军常规潜艇纪录，而且在世界范围内也是空前的。"大青花鱼"号潜艇之所以能达到如此高的航速，其水滴形艇体的设计功不可没。

自此之后，水滴形艇体开始被世界各国海军广泛采用。尽管不同国家的水滴形艇体各有不同，但其整体构形基本一致，其线型特点是艏部呈圆钝的纺锤形，潜艇的横剖面几乎都为圆截面，艇身从艏部开始向后逐渐变细，艉部呈尖尾状。水滴形潜艇水下阻力小，有利于提高水下航速。不过，水滴形潜艇的水面航行性能较差，艇艏容易上浪，而且容易出现埋首现象。有的水滴形潜艇为了提高水面航行性能，采用了艇艏浮力舱。

退役后被改造为纪念馆的"大青花鱼"号潜艇

采用水滴形艇体的美国"洛杉矶"级攻击型核潜艇

采用水滴形艇体的荷兰"海象"级柴电潜艇

>>> 双壳体潜艇与单壳体潜艇相比有何优点

　　单壳体潜艇的艇体由耐压壳体组成，在耐压壳体外没有包覆物，耐压艇体直接裸露在外。双壳体潜艇的耐压艇体全部被耐压和非耐压的外壳体所包覆，这层外壳除了在舯部有一段是耐压的（耐压液舱），其余部分都是非耐压的轻外壳。与单壳体潜艇相比，双壳体潜艇的优点主要体现在以下几个方面。

　　第一，储备浮力大，增加了潜艇的抗沉能力。储备浮力是指潜艇水上排水量和水下排水量之间的差值。俄罗斯潜艇一般采用双层壳体，因此其储备浮力一般可达30%，美国潜艇一般为非双壳体潜艇，其储备浮力一般比较小，仅为11%～12%。美、俄两国潜艇储备浮力相差悬殊是其设计思想不同的表现，俄罗斯把抗沉性作为潜艇的生命力指标，重视储备浮力的增加。美国则认为抗沉性仅是潜艇战术指标中的一项，战术指标还包括潜艇的水下速度、下潜深度、有效载荷自动化程度、低物理场特征和携带武器的数量等，必须通盘考虑。

　　第二，增大了潜艇的使用空间，增加潜艇有效载荷。双层壳体潜艇的两个壳体之间，除可以装有压载舱外，还可以放置鱼雷、水雷导弹等有效载荷，而单壳体潜艇的压载水舱及有效载荷均需放置在耐压艇体里面，因而携带有效载荷较少。

　　第三，减缓水中武器的爆炸威力，提高耐压壳体的抗破损能力。双壳体潜艇两个壳体之间的距离为 2～3 米，当潜艇受到鱼（水）雷攻击时，外层的非耐压壳体损伤后，由于鱼（水）雷的爆破威力与距离的立方呈反比，所以当冲击波达到内层耐压壳体时，爆炸的破坏威力已大大减弱，耐压壳体的强度足以使自己免受损伤。

　　第四，改善潜艇水动力特性，提高潜艇快速性。双层壳体的非耐压壳体易于加工，因此潜艇外形能做到十分光顺，从而改善潜艇水动力的特性，降低潜艇的水下阻力，提高潜艇的快速性。双壳体潜艇的不足之处主要是增加了潜艇的体积和重量，影响了潜艇的航行性能。此外，由于结构复杂致使潜艇的建造工作与潜艇的维修比较困难。在靠近潜艇艏、艉两端的部位，空间十分狭窄，所以建造施工、检查以及涂装都难以进行。

　　随着近些年潜艇科技的快速发展，潜艇壳体结构不再以传统的单双壳体为主流。德国和日本分别从单壳体和双壳体结构走向了以单壳体为主的混合壳体形式，法国和俄罗斯的常规潜艇也从双壳体转向了单壳体结构。传统的小分舱大储备浮力的双壳体结构被边缘化的趋势越来越明显。这主要是因为在现代发达的反潜技术面前，传统的双壳体结构因为水下吨位太大暴露率高，容易被侦测和跟踪，继而招来反潜方不间断的连续攻击，给作战潜艇带来极大的威胁。

采用双壳体结构的俄罗斯"北风之神"级弹道导弹核潜艇

采用单壳体结构的美国"俄亥俄"级弹道导弹核潜艇

消声瓦为何是现代先进潜艇的重要标志

　　消声瓦是随着现代吸声材料的发展而逐渐成熟起来的一种新型潜艇隐身装备。消声瓦技术作为一种有效的抑制噪声振动、降低本艇声目标强度、提高潜艇隐蔽性的手段，已被世界各海军强国广泛采用，成为现代先进潜艇的一项重要标志之一。

　　消声瓦的起源可以追溯到二战末期，当时德国海军节节败退，为了挽回败局，减少 U 形潜艇的损失数量，德国海军开始在部分潜艇的外壳上加装一层名为"阿里贝里奇"的合成橡胶防声材料，厚度约为 30 毫米，内部有直径 2 ～ 5 毫米的圆柱形空洞。它利用声音入射时产生的气泡变形来吸收声能，在降低反射及艇内噪声方面有一定作用。

　　德国战败后，苏联、美国、英国均获得了部分"阿里贝里奇"技术，在此基础上，各国开始分别发展各自的消声瓦技术。经过几十年的发展，最终形成风格各异，同时又有优良的吸声、抑振效果的消声瓦系统技术。

　　材料、结构、厚度以及所贴艇体的结构不同，消声瓦的吸声效果也不尽相同。例如，俄罗斯"台风"级核潜艇敷设了 150 毫米厚的消声瓦后，可使美国 MK 46

型和 MK 48 型鱼雷的主动声呐的探测距离缩短到 30% 左右，这一点在美、英海军进行的联合军事训练中得到了证实。英国海军装有消声瓦的"壮丽"号核潜艇与美国海军两艘装有主动声呐的"鲟鱼"级核潜艇进行反潜战模拟对抗时，"鲟鱼"级核潜艇动用了各种反潜探测器却始终未能发现其声呐工作范围内活动的"壮丽"号核潜艇的踪迹。

　　在消声瓦使用之初，人们认为消声瓦的主要功能是吸收敌方主动声呐发出的探测波。随着消声瓦技术在潜艇上的广泛应用，人们发现消声瓦除具有吸声功能外，同时还能抑制艇体振动，隔离内部噪声向艇外辐射，降低本艇自噪声，改善本艇声呐的工作条件，使本艇声呐作用距离获得较大的提高。当然，这需要一定的设计水平才能实现。但是，一种消声瓦难以同时具备良好的吸声和隔声性能，而且低频吸、隔声性能也难以满足使用要求。为了最大限度地发挥消声瓦的作用，一些国家针对特定的频段研制出了具有不同"专长"的消声瓦。例如，俄罗斯核潜艇的耐压壳体外表面、非耐压壳体的内表面和外表面均敷设有不同功能的消声瓦。

　　总之，消声瓦具有吸声、隔声、抑振等多种功能，可有效降低潜艇自噪声和声目标信号强度，是提高潜艇隐蔽性的有效装备。

英国"壮丽"号攻击型核潜艇（"敏捷"级三号艇）

敷设了消声瓦的俄罗斯"台风"级弹道导弹核潜艇

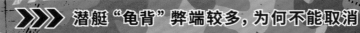

潜艇"龟背"弊端较多，为何不能取消

"龟背"是弹道导弹核潜艇上过于高耸的导弹发射筒整流罩的一种俗称，它是弹道导弹核潜艇与其他潜艇在外观上差异最大的地方。

为了扩大射程，各国弹道导弹核潜艇所携带的弹道导弹越来越大，但是潜艇的耐压壳体直径却受到各方面因素的制约，很难再大幅增长，所以出现了导弹超长并外露于潜艇耐压壳体的问题。为了降低潜艇在水下航行时的阻力，保证艇体线型的光顺，同时也为了保护暴露的导弹发射筒，必须在超长外露的导弹发射筒上部，用上层建筑形成一个整流罩加以覆盖。当导弹发射筒超出耐压壳体较多时，这部分上层建筑的体积和高度就会急剧增大，外形上就会比较突兀，所以被称为"龟背"。

俄罗斯"德尔塔"级弹道导弹核潜艇的"龟背"

简而言之，"龟背"是因为弹道导弹太长，为满足发射需要的无奈之举。所以，"龟背"不可避免地会对潜艇的水下性能造成一定影响。因此，各国海军都会采取相关措施，将"龟背"造成的负面影响降至最低。

目前，美国海军弹道导弹核潜艇的"龟背"相对较小。首先，美国潜艇制造技术的成熟使其可以加工出直径相对较大的艇体，且单壳体设计可增大潜艇内部空间。其次，美国海军现役"俄亥俄"级弹道导弹核潜艇所搭载的"三叉戟 II"弹道导弹在不影响性能的前提下进行了优化设计，体积被缩小，减少了导弹在艇外暴露的部分，因此只需要一个稍稍隆起的小"龟背"就可以满足其发射要求。

美国"俄亥俄"级弹道导弹核潜艇的"龟背"

　　相比之下，俄罗斯海军在潜艇制造方面，虽然采用了安全性更好的双壳体设计技术，但也限制了潜艇内部的实际使用空间。另外，俄罗斯潜射弹道导弹相比美国同类导弹体积较大，导致俄罗斯弹道导弹核潜艇的"龟背"大于美国弹道导弹核潜艇。为了弥补这一缺陷，俄罗斯海军采用的办法是建造一种吨位更大的弹道导弹核潜艇，于是便出现了目前世界上吨位最大的弹道导弹核潜艇——"台风"级。

俄罗斯"台风"级弹道导弹核潜艇

需要指出的是，虽然"龟背"对潜艇的高速性与安静性造成了不利影响，但其负面作用并没有一般人想象的那样大。潜艇在水下航行时遭遇的阻力由摩擦阻力、形状阻力、附体阻力三大部分构成，其中由指挥塔围壳与舵面等凸起部位造成的附体阻力可以占到 20% ~ 30%。主艇体阻力中，摩擦阻力约占 2/3，形状阻力约占 1/3。摩擦阻力与浸润面积成正比，形状阻力则取决于艇体的横截面尺寸。"龟背"固然会导致浸润面积增加，形状阻力上升，但影响毕竟有限。

潜艇需要的推进功率与水下航速的立方成正比。假设在无"龟背"状态下附体阻力占比 20%，"龟背"导致主艇体阻力上升 25%，则"龟背"的出现将带来略微超过 6% 的速度损失，尚在可承受范围之内。为了最大限度提高隐蔽性，在巡逻区执行核威慑任务的弹道导弹核潜艇往往以极低的速度静音航行。流体噪声与航速的立方成正比，低速航行时，有无"龟背"对潜艇的流体噪声并没有实质性影响。

▶▶▶ 潜艇的指挥塔能否取消

指挥塔是潜艇的标志性结构之一，也是潜艇上层建筑的主要部分。现代化潜艇的指挥塔围封了各种升降装置如通信天线、通气管、潜望镜、雷达桅杆、电子支援测量天线等，同时也是现代化潜艇执行水面航行、收发信息、离靠码头、实施观测和指挥的重要部位。

作为潜艇的最大附体之一，指挥塔可对潜艇的艇体阻力、水动力噪声以及水下操纵特性带来较大影响，尤其是潜艇水下航行时指挥塔产生的尾流将影响潜艇艉部推进器伴流场的均匀性和稳定性，进而增加推进器的辐射噪声，不利于潜艇的声学隐身。而且，潜艇在水下航行过程中，指挥塔部分的阻力在潜艇总阻力中占有较大的比重。以德国 209 型潜艇为例，其指挥塔只占湿表面积的 8.84%，而在高速航行时却产生了 12.71% 的总阻力。

按理说，现代化潜艇的水下性能越来越好，弊端较多的指挥塔似乎应该被取消了。事实上，20 世纪 70 年代美国海军在建造"洛杉矶"级攻击型核潜艇时就曾设想取消指挥塔，以便降低阻力提高航速。经过周密计算，设计师认为潜艇在取消指挥塔后至少可以将航速提高 1.5 节。为此，设计师为"洛杉矶"级攻击型核潜艇设计了一个可折叠的桅杆结构，用于取代传统的指挥塔。遗憾的是，这种设计带来的弊端完全掩盖了航速提高的优点，"洛杉矶"级攻击型核潜艇最终还是保留了指挥塔。

为什么潜艇的指挥塔不能取消呢？主要原因有以下几点。

1. 设备容纳问题。潜艇的指挥塔是许多关键设备的存放地，包括潜望镜、雷达天线、通信设备等。这些设备对潜艇的作战能力至关重要。取消指挥塔意味着必须重新设计潜艇以容纳这些设备，可能会影响潜艇的内部空间利用和整体布局，甚至可能需要对潜艇的耐压壳体进行重大修改。

2. 稳定性影响。指挥塔的设计有助于潜艇在水面和水下保持稳定，类似于鱼的背鳍。取消指挥塔可能会使潜艇更容易受到水流的影响，从而影响其机动性和稳定性。

3. 指挥和观察功能。指挥塔为潜艇提供了一个在水面航行时进行指挥和观察的场所，这对于潜艇的战术运用和安全至关重要。没有指挥塔，潜艇可能需要依赖更多的自动化系统和远程传感器来进行指挥和观察，这可能会增加对技术系统的依赖性，并可能降低指挥的灵活性。

4. 技术挑战。潜艇指挥塔的设计和功能是经过长时间发展和优化的。取消指挥塔将需要开发新的技术来替代其功能，这可能包括更先进的传感器和通信系统。这些新技术的开发和集成可能会面临重大的技术挑战和成本问题。

5. 设计和建造难度。虽然理论上取消指挥塔可以简化潜艇的设计和建造过程，但实际上可能需要开发新的建造技术和材料来确保潜艇的性能不受影响。此外，重新设计潜艇以适应没有指挥塔的布局可能会增加设计和测试的时间和成本。

综上所述，取消潜艇的指挥塔虽然在某些方面可能有潜在的好处，但同时也带来了一系列技术和设计上的挑战。因此，潜艇设计师需要权衡这些利弊，并寻找创新的解决方案来优化潜艇的性能和功能。

瑞典"西约特兰"级柴电潜艇的指挥塔

俄罗斯"德尔塔"级弹道导弹核潜艇的指挥塔露出冰面

美国"海狼"级攻击型核潜艇的指挥塔

>>>> 潜艇的舱室布置有何特点

潜艇舱室是潜艇内部空间的布置形式，潜艇作为一种海军舰艇，具有不同于普通水面舰艇的特殊外形和内部构造，因此其内部舱室布置也自成特色。

潜艇的横隔壁将艇内空间划分为不同舱室。根据横隔壁的强度不同，可以分为艏端舱壁、艉端舱壁、内部耐压隔壁、内部非耐压隔壁。其中艏端舱壁和艉端舱壁又称作端部舱壁，它们是潜艇耐压艇体的组成部分，具有与耐压艇体相等的结构强度。端部舱壁又分为球面舱壁和平面舱壁两种。目前世界上绝大多数的潜艇端部舱壁都采用球面舱壁结构，球面凸出向外。球面舱壁的优点是结构简单，抗压能力强。

内部耐压舱壁也分为球面耐压舱壁和平面耐压舱壁两种，这两种舱壁各自具有不同的优点和缺点。球面耐压舱壁虽然能够降低结构的重量且结构简单，但其凸面与凹面所能承受荷载的大小相差很大。而平面耐压舱壁的两面可以承受相等的载荷。这样，在平面耐压舱壁两侧的舱室都可以成为救生舱室，从而可以增加艇上救生舱室的数量，提高潜艇的水下安全性。但是平面耐压舱壁的缺点是结构笨重复杂。

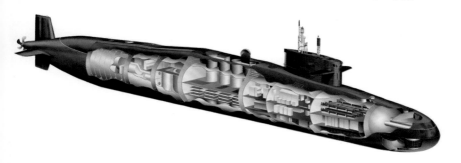

印度"歼敌者"级弹道导弹核潜艇内部结构图

世界各国潜艇设计师对于潜艇强度和潜艇生命力的考虑角度不同，因此导致了潜艇舱室划分有着很大的区别。苏联和俄罗斯的潜艇设计师一向主张在潜艇上划分较多的舱室。苏联在二战结束后不久建造的"祖鲁"级、"威士忌"级和"魁北克"级常规潜艇，均划分为 7 个舱室，而苏联第一代攻击型核潜艇"十一月"级则划分为 9 个舱室。以美国为首的西方国家的潜艇设计师则倾向于在潜艇上划分较少数量的舱室。美国早期的攻击型核潜艇"鲣鱼"级、"长尾鲨"级和"鲟鱼"级都划分为 5 个舱室，法国的"红宝石"级攻击型核潜艇和"阿戈斯塔"级常规潜艇也都划分为 5 个舱室。

20 世纪 70 年代以后，西方国家的潜艇开始采取大分舱原则，其划分舱室的数量更少。美国的"洛杉矶"级攻击型核潜艇的舱室从大的方面来讲，仅划分为 3 个舱室，分别是指挥舱、反应堆舱和主辅机舱。在美国这种大分舱的影响下，一些西方国家在新型的潜艇上也逐渐开始采取大分舱原则。例如英国于 20 世纪 80 年代建造的"支持者"级潜艇、荷兰于 20 世纪 80 年代建造的"海象"级潜艇和"海鳝"级潜艇均划分为 3 个舱室。德国于 20 世纪 90 年代建造的 212 型潜艇划分为 4 个舱室，

20 世纪 90 年代末期德国为以色列设计的"海豚"级潜艇划分为 3 个舱室。瑞典建造的"西约特兰"级潜艇和"哥特兰"级潜艇，艇上仅划分了 2 个大型隔舱，即艏部舱室和艉部舱室。甚至连一向采用多分舱原则的俄罗斯，在"阿穆尔"级潜艇上也只划分了 5 个舱室，表现出一种全球性的大隔舱热。

德国 205 型常规潜艇的主机舱

现代高速潜艇一般都倾向于在艇内设置多层甲板，以便利用甲板把艇内有限的空间分割出更多的有用的甲板空间。如果充分进行布置的话，在潜艇具有相同舱室容积的情况下，可以形成更大的甲板空间。

美国"俄亥俄"级弹道导弹核潜艇的艇员在观看球赛

>>> **潜艇的指挥舱如何布局**

如果说指挥塔是潜艇的帽子，那么指挥舱就是潜艇的大脑，航行操控、情报处理、作战指挥等几乎所有关键作业都在这里进行。

自二战以来潜艇的造型、动力、武器、设备等方面发生了巨大的变化，唯独指挥舱的布局和几十年前的潜艇几乎一模一样。

指挥舱的位置和布局是由潜望镜决定的，只要是采用传统的穿透式光学潜望镜，不论围壳设置在潜艇艏部还是艉部，指挥舱都得紧贴着布置在围壳的正下方，以便布置潜望镜光路并操作潜望镜。早期潜艇的不同之处是因为其围壳直径较小，潜望镜长度不足，因此在指挥舱上方单独设了一个较小的指挥塔，或者将指挥舱分为两层，潜望镜操作和作战指挥在上层，航行控制在下层；现代潜艇耐压壳直径增大后则将其布置在同一层内。

潜艇出航后，艇上的军官和武器、操作等关键部门的人员除了休息外待得最多的地方就是指挥舱。在这里值班团队分析评估声呐、雷达等传感器收集的信号和各战位的状态，相互监督并采取行动。每个艇员都可能犯错，但是整个团队集团必须保持"正确"，不然在深海大洋中任何错误操作都可能导致灾难。

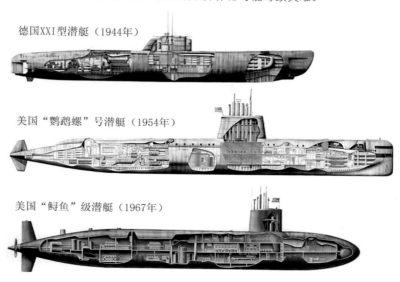

德国XXI型潜艇（1944年）

美国"鹦鹉螺"号潜艇（1954年）

美国"鲟鱼"级潜艇（1967年）

不同时期不同潜艇的指挥舱位置（橙色区域）

二战时期苏联"斯列德尼亚亚"级柴电潜艇的指挥舱

美国"俄亥俄"级弹道导弹核潜艇的指挥舱

核潜艇如何布置反应堆舱

　　反应堆舱是核潜艇用于安装核反应堆、直接与反应堆冷却剂接触的系统及其管道和设备的舱室，在核反应堆正常运行时起生物屏蔽作用。反应堆舱通常紧挨着主机舱且在主机舱的前面，这是为了防止放射性核素释放到其他舱室和环境中去的最后一道屏障。反应堆舱主要由以下三个部分组成。

　　一、舱壁。反应堆舱的舱壁由金属钢板拼焊而成，具有很高的气密性，正常运行时反应堆舱内气压略低于 1 个大气压，当发生失水事故时，能承受的内压不低于16 个大气压。

　　二、环境控制系统。该系统包括喷淋系统、事故后风冷系统，主要作用是限制失水事故后反应堆舱发生超压的程度和持续的时间。

　　三、安全隔离系统。许多管道和电缆要穿过舱壁，人员和设备也需要进出反应堆舱，因此必须设有穿过舱壁的贯穿件和设备，称之为舱壁贯穿件。主要贯穿件

有：设备出入门；人员出入气锁门和应急出入气锁门，两种门不能同时开启；元件运输管，一端有电动闸，另一端为密封塞；管道、电缆贯穿件。贯穿件的设计要考虑局部应力集中所造成的管道破裂，一般均采用双层并有膨胀段的准柔性结构。

法国"可畏"级弹道导弹核潜艇的反应堆舱

🔔 小知识：

　　失水事故是指由于核反应堆中的一个回路管路破损或艇员操作失误等原因，导致冷却水向外泄漏。核燃料因冷却水流失而得不到充分冷却，可能导致堆芯熔化。失水事故是核潜艇核事故发生概率最高的一类。

潜艇升降舵的作用是什么

　　升降舵是潜艇潜航时，利用相对水速产生升力，保持或改变潜艇潜浮深度和纵倾角，以控制垂向航态的舵。一般水平布置，又称水平舵。按照安装位置，升降舵可分为艇艏升降舵和艇艉升降舵。

　　艇艏升降舵，舵叶对称布置在艇艏或指挥塔两侧，舵面较小，舵力不大。布设在艇艏上部结构的，通常为收推式，用时推出，不用时收入；布设在指挥塔的为固定安装式，也称围壳舵。

　　艇艉升降舵，舵叶对称布设在螺旋桨前面（或后面），舵叶面较艏舵大，直接受螺旋桨水流的作用，产生的舵力较大，是水下操纵潜艇的主升降舵。

　　升降舵由平衡式舵叶、舵轴、转舵传动装置和操舵装置组成。通过操舵装置驱动转舵装置，使舵轴转动，舵轴两端的舵叶，随之上下摆动，置于所需上浮或下潜的舵角上。其动力采用液压或电动。操纵部位设在中央指挥舱。现代潜艇一般装有计算机控制的升降舵和方向舵联合操舵装置，能自动控制潜艇在水下航行的深度和航向。

以色列海军"海豚 II"级潜艇的艇艏升降舵

瑞典"哥特兰"级潜艇指挥塔两侧的升降舵

日本"苍龙"级潜艇在指挥塔两侧设置了升降舵

潜艇的十字形艉舵和 X 形艉舵有何区别

十字形艉舵和 X 形艉舵是两种最常见的潜艇艉舵造型。前者是指艉舵的四个舵面呈十字形布局——左右方各有一个水平布置的舵面，上下方各有一个垂直布置的舵面。后者是指四个舵面呈 X 形布局。老式潜艇以十字形艉舵居多，而新式潜艇很多采用了新型的 X 形艉舵，两者的区别主要体现在以下几个方面。

第一，X 形艉舵的纵向和横向尺寸相对更小，一般不会超过潜艇的直径尺寸，而十字形艉舵的尺寸则要超过潜艇的直径尺寸。所以，X 形艉舵在潜艇停靠港口的时候不容易发生碰撞事故。对于主要在近海活动的常规动力潜艇，X 形艉舵和海底突出物碰撞的可能性要低于十字形艉舵。因为近海水深较浅，因此潜艇在作战时可能要运用坐底战术，十字形艉舵因为下方的垂直舵面长度要超出潜艇的中段直径，因此艉舵很容易和海底发生碰撞从而破损，而 X 形艉舵则没有这样的问题。

　　第二，X形艉舵的舵效高于十字形艉舵。常规的十字形艉舵在水平方向上机动时只有上下两个垂直舵面起作用，左右两个舵面基本没有作用。X形艉舵的四个舵面各自都兼有垂直舵和水平舵的双重功能，而且每个舵面都可以独立控制。所以，在潜艇水平机动时，X形艉舵更有优势。

　　第三，X形艉舵的操控性比较复杂。X形艉舵的四个舵面在潜艇姿态调整时都要参与工作，必须相互配合才能满足姿态调整要求，而且舵面调整要精确，否则会对其他舵面产生影响。相比之下，十字形艉舵在潜艇姿态调整时一般只有两个舵面参与工作，在舵面调整时允许出现一定的误差。

　　第四，十字形艉舵更适合冰下活动的潜艇，因为十字形艉舵的垂直舵面在破冰时与冰面垂直，受力面积小，能够承受的力更大，在破冰时相比X形艉舵更不容易破损。

　　第五，X形艉舵发生破损后继续工作的能力更强。X形的四个舵面既可以充当垂直舵，又可以充当水平舵，所以在一个或两个舵面发生故障后，仍能继续工作，对潜艇水下姿态进行调整。如果十字形艉舵的两个垂直舵发生故障，潜艇基本就无法在水下进行水平方向上的机动。

　　第六，潜艇的指挥塔围壳会使潜艇艉部湍流不规则，对艉舵的工作产生影响，尤其是会使十字形艉舵的效率下降，但对X形艉舵的影响相对较小。

俄罗斯"亚森"级攻击型核潜艇的艇员在十字形艉舵下方列队

法国"絮弗伦"级攻击型核潜艇的 X 形艉舵

>>> 某些潜艇的艉舵顶端为什么有个凸起

潜艇艉舵顶端的凸起看似有些奇怪，其实用途相当老套：容纳拖曳声呐。潜艇由于需要长时间在水下活动，因此无法依靠雷达一类依靠电磁波的探测器来探测目标。而潜艇艉部又有螺旋桨推进系统，空间有限，所以艉舵就成为安装声呐、导航仪器甚至气象传感器的最佳选择。

此外，由于潜艇需要确保在水下航行时尽量降低阻力、同时较为精密的传感器长期暴露在海水之中容易产生性能降低和被腐蚀的问题，因此不能直接在艇身外部放置声呐。传统上潜艇只能在艇艏布置声呐列阵，但这种布置方式只能探测潜艇航行正前方一定角度内的目标，因此很容易因敌方潜艇或水面战舰从其他方向来袭而导致战机延误，甚至产生危险。所以安装更多方位的声呐系统，成为潜艇提升自卫能力、预警能力的发展方向。

越来越多的现代潜艇通常也在艇身两侧布置声呐阵列，这样能确保潜艇对敌方目标的探测范围超过 180°，但仍然缺乏对航向正后方的探测能力。由于潜艇需要在艉部布置推进装置和艉舵，同时又要采用近似流线型的设计减阻，导致艉部空间比较紧张，因此在艉部直接容纳固定声呐并不容易。

　　为了解决这个问题，选择在艉舵顶端设置拖曳声呐就成为最佳选择。虽然受限于空间容积，这种拖曳声呐的体积不会太大，声呐阵面也比较有限，但确实能起到对潜艇后方的"补盲"作用。这种拖曳声呐的收纳方式事实上与驱护舰在舰艉甲板之下设置拖曳声呐收纳舱室并没有本质上的不同，起到的作用也很相似。

俄罗斯"阿库拉"级攻击型核潜艇不同型号的艉舵顶端都存在凸起

"阿库拉"级攻击型核潜艇艉舵顶端的凸起颇为显眼

潜艇上浮下潜的原理与鱼类是否相同

众所周知，鱼类靠改变自身体积来调节自身密度，从而实现上浮和下潜。鱼类下潜时，要把鱼鳔内的一部分气体排出体外，使自身体积减小，密度增大，当密度大于水的密度时，鱼类就可潜入水下。当鱼类想浮上水面时，要把鳃滤出的一部分气体放入鱼鳔内，使自身体积增大，密度降低，当自身密度小于水的密度时，鱼类就会浮出水面。

与鱼类不同，潜艇可通过改变自身的重力实现上浮和下潜。潜艇上设置有主压载水舱，其功能就是通过注、排水实现潜艇的下潜、上浮。对于双壳体结构的潜艇，其通常设在耐压艇体外的左右舷和艏艉端，并沿潜艇纵向前后、左右对称布置。

潜艇主压载水舱的水增多时，潜艇的重量就会增加，当自身重量大于水所产生的浮力时，即从水面潜入水下。潜艇要从水下浮出水面时，要用压缩空气把主压载水舱内的一部分水排出，使潜艇的重量减轻，当自身重力小于水产生的浮力时，便可实现上浮。

为了更好地控制潜艇的运动，潜艇通常还设有辅助压载水舱，包括浮力调整水舱、纵倾平衡水舱、补重水舱和快潜水舱。浮力调整水舱位于潜艇重心附近，通常为左右舷对称布置。当潜艇重力或浮力改变时，可以通过向该舱注入或排出适量的水来保持潜艇平衡，或用来调整潜艇的横倾。纵倾平衡水舱设在耐压艇体艏端和艉端，主要用于调整潜艇的纵倾。补重水舱包括鱼雷补重水舱和导弹补重水舱等，用来补偿消耗掉的备用鱼雷和导弹的重量。快潜水舱注满水时会使潜艇产生一定的向下作用力，以加快潜艇的下潜速度。

为了向这些水舱注、排水，潜艇上还有通海阀、通气阀、传动装置、压缩空气系统、低压气吹排系统、应急吹排系统、潜浮操纵站等各种管道和设备。

美国"长尾鲨"级攻击型核潜艇正在转弯

俄罗斯"基洛"级潜艇在水面航行

智利海军"鲉鱼"级潜艇在水面航行

▶▶▶ 常规潜艇航行时为何要往油箱注入海水

　　与核潜艇相比，执行长时间远航任务的常规潜艇，为了持续作战需要，通常会携带其吨位 10% 的燃油。与此同时，潜艇在水下航行需要保证自重的平衡，在燃油持续消耗、平衡状态被打破的情况下，潜艇的"燃油系统补重作业"成为实现潜艇维持自重平衡的重要手段。事实上，这种往潜艇油舱注水的作业方式不仅仅是为了保持潜艇的自重平衡，更是为了在不影响战备巡航的前提下，保证潜艇浮态控制的精准到位。

　　从物理学角度来说，潜艇的上浮和下潜原理也是围绕自重平衡的改变而实现的。一般来说，潜艇都会设计有多个蓄水舱，潜艇要下潜就需要打开蓄水舱，通过往蓄水舱中注水的方法让潜艇自身重量不断增加，当潜艇自身重量超过其排水量时即可成功下潜。反之，当潜艇需要上浮时，就会利用人工加压的方式迅速排水，使潜艇的自身重量不断下降，当潜艇自身重量轻于排水量时就会上浮。除了上浮、下潜之外，潜艇在水下航行的自重平衡同样是利用类似的原理而实现的，俗称燃油系统补重作业。

德国 206 型常规潜艇在水面航行

日本"亲潮"级常规潜艇准备下潜

　　其实从潜艇诞生起，燃油补重的重要性就得到了充分关注。早期的潜艇设计师们会利用燃油比重超过海水的特性，在设计建造潜艇时，预先在油舱底部设计有专门的小孔。在燃油被大量消耗后，艇员只需要打开潜艇的通海阀，燃油舱就会和海水相通。由于管道在设计时进行了特殊处理，其中一部分海水会通过油舱底部小孔流入燃油舱，以此填充燃油消耗后的空间。不仅如此，在燃油继续消耗的过程中，这个类似于漏斗形状的燃油补重管系还会持续运转。海水会通过通海阀与小孔对油舱空间不断进行自动填补，以达到潜艇的自重平衡。

　　当然，在航行中进行这种看似简单的燃油补重作业，其实需要承担一定的风险。特别是处在交战海域的潜艇，需要保持一定的航速并随时警惕潜在危险。因此，这种原始的燃油补重作业要做到及时、精准并不容易。经过不断的研究升级，更为科学先进的补重式燃油管系应运而生。

　　一般来说，现代潜艇会在设计时将油舱进行分段式设计，分为日用油舱与储备油舱两大部分，由供油管与补重水管将两类油舱相连，形成循环体系。在需要进行燃油补重作业的情况下，进行补重的水会通过补重水管进入储备油舱，通过压力将内部的燃油运送到日用油舱。可以说，潜艇的补重原理，就是利用水压实现艇内油舱燃油的逐层消耗，以此模式来保证燃油容量始终注满整个燃油舱，不会出现重量失衡。不仅如此，补重式燃油管系还可以让燃油补重作业实现即时操作与精准操作，并且不会影响潜艇的正常航行运转。

　　值得一提的是，AIP 动力系统的出现，也进一步优化了潜艇自重平衡技术。AIP动力系统采用了类似于液氧、液氢的新型特殊燃料，潜艇发动机的最终排放物为二氧化碳和水，这两种物质都可以被二次利用或者净化，减少了不必要的处理步骤，为潜艇自重平衡提供了改进空间。

俄罗斯"拉达"级 AIP 潜艇

以色列海军"海豚 II"级 AIP 潜艇

流水孔对潜艇的性能有何影响

流水孔是指开立在潜艇上层建筑等非耐压非水密结构上，用于潜艇上浮或下潜时供液体自由进出的开口。流水孔虽然没有潜艇装备的声呐、武器以及各种系统那样大小平板的至关重要，但流水孔开设的数量、位置以及流水孔的形状和大小，也不是一个简单的问题。如果流水孔设置不当，将会对潜艇的性能产生不利影响。

第一，流水孔的数量和大小会影响潜艇在水下航行时的阻力。流体力学的计算和试验结果均表明，当潜艇处于水下航行状态时，艇体上一个流水孔的阻力是一块同样大小平板的 4 ～ 5 倍。一艘潜艇的流水孔数量过多、直径过大，将会增加水下航行的阻力，直接导致水下航速降低。因此，高速潜艇往往都会尽量减少流水孔的数量。

第二，流水孔会影响潜艇的隐身性能。当潜艇处于水下状态时，上层建筑等自由浸水空间内部的海水与外面的海水是自由连通的。潜艇在水下航行时，海水通过流水孔不断流进和流出，并且在这一过程中发生水流波动。特别是在水下高速航行时，这种水流波动将会产生漩涡。当潜艇达到某一航速时，水流波动产生的漩涡可能与潜艇液舱或者潜艇内部空间结构产生共振现象。一旦产生共振现象，不仅会产生阻力，增加潜艇推进能量的损耗，还会发出噪声，降低潜艇的隐身性能。在一些特别严重的情况下，共振还将导致潜艇结构的疲劳裂断。

为了克服这些不利因素，一些国家在潜艇的主要流水孔处设置了采用活动链接方式的封闭挡板。当潜艇处于水面状态或下潜、上浮时，封闭挡板处于开启状态，但是当潜艇处于水下航行状态时，则处于关闭状态，将流水孔封住。采取这种办法虽然对降低潜艇的噪声和阻力起到了一定作用，但由于流水孔处的挡板结构经常处于水下状态，因此必须经常维护保养，从而大大增加潜艇日常运行的负担。对此，还有一些国家采用了一种较为简单的解决办法：在流水孔处装设固定式的扁平条格栅结构，格栅中的扁平条方向与水流方向垂直或成某一角度。这种扁平条格栅结构虽然一定程度上可以防止在流水孔处形成振荡的水流漩涡，但是其效果仍然比不上活动式挡板结构。

第三，流水孔的设置与潜艇潜入水下所需要的时间存在着密切关系。当潜艇处于水面状态时，主压载水舱内部也充满了空气。在下潜的过程中，外界海水从主压载水舱底部的进水孔流入，把舱内的空气经由开启状态的排气阀门排挤出去。而被排挤出去的空气，将再经由流水孔被排出舱外。这一过程的速度取决于流水孔的数量、位置和大小，因此流水孔直接影响潜艇潜入水下所需要的时间。对于二战期间以水面航行为主的潜艇来说，下潜时间一旦过长，往往会导致潜艇遭到敌人的致命攻击，直接影响其海上生存能力。所以二战期间，许多国家为了实现潜艇的快速下潜，通常采用的办法就是增加流水孔的孔径和数量。

阿根廷 TR-1700 型柴电潜艇浮出水面后有海水从流水孔排出

印度从法国进口的"鲉鱼"级潜艇在水面航行

苏联"祖鲁"级柴电潜艇的流水孔

柴电潜艇安装的通气管有何作用

　　一战之前,潜艇开始使用柴油机配合电动马达作为动力来源。柴油机负责潜艇在水面上航行以及电瓶充电的动力来源,在水面下,潜艇使用预先储备在电瓶中的电力航行。由于电瓶所能储存的电力必须提供全舰设备使用,所以即使以低速航行,也只能维持较短时间,之后必须浮上水面充电。后来出现的通气管提高了潜艇的潜航能力。

　　通气管在二战前由荷兰研发出来,其后由德国进一步改良并应用在其潜艇上。通气管的基本构造是以可伸长的通气管将外界的空气引导至柴油机,并排出柴油机产生的废气,另外再附加防止海水进入以及将进入的海水排除的管线。通过使用通气管可以让潜艇在潜望镜深度情况下使用柴油机,这样潜艇不必浮出水面就可补充电力。

　　通气管的使用大幅改善了当时潜艇的作业方式与弹性。在使用通气管以前,潜艇在进行换气和充电的作业时必须浮出水面,出于安全考虑只能在夜间进行。采用通气管以后，潜艇只需将通气管伸出海面就可进行充电，不仅降低了潜艇被发现的概率，也扩展了潜艇充电的时机。但通气管并不完美，因为柴油机运作时会产生不少废气，天气晴朗时可以在 3 海里外以目视寻获；伸出潜望镜所带来的浪花，也会被水面搜索雷达发现。针对装备通气管的潜艇的威胁，盟军利用海上巡逻机携带可以辨识出潜望镜雷达散射截面的雷达去寻找潜艇通气管，即使无法击沉潜艇，也能迫使潜艇无法充电，进而失去持续追踪与攻击的能力。

二战时期德国 XXI 型潜艇的通气管
（左侧较高者）和潜望镜（右侧较矮者）

>>>> 潜艇的通风系统有哪些工作状态

通风系统是潜艇用来吸进新鲜空气、排出污浊空气与有害气体或降低有害气体浓度的系统，由大容量通风机、贯穿全艇的通风（吸、排气）总管、支管、通风头和各种阀件等组成。

潜艇通风系统有水面状态、通气管工作状态和水下状态三种使用工况。

水面状态时，指挥舱舱口与柴油机水面进气口进气，开启通风机全艇通风，废气由柴油机水上排气口排出艇外。

通气管工作状态时，关闭指挥舱舱口及柴油机工作，使舱内形成一定的真空度（指处于真空状态下的气体稀薄程度），新鲜空气由升起的通气管浮阀吸入艇内，由全艇通风机向各舱室输送新鲜空气，同时降低各舱室温度，各舱室的污浊空气由全艇通风机集中排放至柴油机舱燃烧，废气由柴油机水下排气管排入海水中。

水下状态时，由于进风系统无法与水面空气进行交换，只能进行局部舱室通风和全艇性空气通风搅拌，以降低个别舱室有害气体浓度和改善全艇通风。对有害气体较集中的蓄电池舱、厕所、厨房、主机舱、导弹舱等另设独立通风系统，并通过各种空气净化过滤装置和空气再生装置来消除有害气体。

通风系统中还设有各种测量仪表，以监测舱室空气成分。

苏联"威士忌"级柴电潜艇内部

核潜艇与核动力航空母舰采用的反应堆是否相同

自从核动力装置被用作舰艇动力以来，先后出现了五种反应堆的方案设想，并构成五种不同的舰艇推进装置形式，它们分别是压水反应堆、液态金属反应堆、气冷反应堆、有机反应堆和沸水反应堆。目前，世界各国海军的核动力潜艇和核动力航空母舰采用的反应堆都是压水反应堆，两者从原理上来说是一样的，但功率大小不同，具体设计细节不同。核动力航空母舰是世界上建造技术最复杂的舰艇，集中体现在建造大功率、运行时间长和高可靠性的核反应堆上。而与核动力航空母舰不同，核潜艇反应堆的设计理念是先保证低噪声再实现高功率。

压水反应堆由压水堆、一回路系统和设备、二回路系统和设备及推进轴系组成。因为反应堆和一回路系统均在高压下运行，作为反应堆的载热剂和慢化剂的水在约300℃时也不会沸腾，所以此类反应堆被称为压水反应堆。压水堆和一回路系统因具有放射性，所以需要布置在屏蔽空间内。蒸汽发生器产生的蒸汽由于被传热管壁与一回路系统隔开，因此二回路系统和设备同常规蒸汽动力装置一样没有放射性，不需要屏蔽。

压水反应堆的工作原理是：载热剂在反应堆中被加热送到蒸汽发生器，将其加热经传热管传给蒸汽发生器的二次侧水（二回路一侧的水）并使其变成饱和蒸汽，从蒸汽发生器流出的载热剂经由主泵又被送回到反应堆再加热，形成一回路循环。饱和蒸汽送至主推进蒸汽轮机做功，从汽轮机排出的蒸汽在冷凝器中冷凝后经给水泵再送至蒸汽发生器，形成二回路。主推进蒸汽轮机经减速齿轮带动螺旋桨推动潜艇航行。

压水反应堆推进装置的轴系与常规动力装置的轴系基本相同。略微不同的是，在压水反应堆推进装置上，通常轴上安装有一个套轴的低速推进电动机，在核动力装置发生故障时或需要进行低噪声航行时，利用应急电源供电以便使潜艇获得推进动力。二回路系统和设备与常规蒸汽动力装置基本相同。其推进装置一般分布在潜艇的艉部，占 3 ～ 4 个舱室的位置。

压水反应堆推进装置的电力系统和应急电力系统，也与常规动力装置基本相同，但其供电的品质、可靠性要求比较高，一旦正常电力系统发生故障，应急电力系统能在 5 秒内甚至更短时间内提供可靠电源。

美国压水反应堆容器顶盖

现代潜艇为何广泛采用七叶大侧斜螺旋桨

舰艇由螺旋桨推进，桨叶有三、四、五、六、七等不同数量。为什么很多潜艇都采用七叶大侧斜螺旋桨呢？主要是为了降低转速，保证推力，同时抑制噪声。

大侧斜螺旋桨指的是具有大侧斜桨叶的螺旋桨，其桨叶有后倾角，这个后倾角的倾斜量用侧斜角来定义，侧斜角就是桨毂中心线与桨叶中心线之间的夹角，这个夹角大于25°，就称为大侧斜螺旋桨，而普通的螺旋桨侧斜角只有10°左右。

螺旋桨噪声是潜艇航行时的主要噪声源，与机械噪声不同，螺旋桨噪声产生在艇体外面，是由螺旋桨转动所引起的，即主要是由螺旋桨叶片振动和螺旋桨空泡产生的。我们知道，潜艇的艉部是有伴流场存在的，而且伴流场在周向上是不均匀的，这样螺旋桨叶片在不均匀伴流场中工作就会产生非定常的推力和转矩，这种载荷会引起螺旋桨叶片、轴系的振动。大侧斜螺旋桨由于它的大侧斜，使叶片的叶根和叶梢不会同时到达伴流场的高压区或低压区，即不会造成整个桨处在高压—低压—高压的循环状态，因此有效地抑制了螺旋桨的振动，从而降低了螺旋桨的噪声。

美国"弗吉尼亚"级攻击型核潜艇在水面快速航行

螺旋桨的空泡噪声是潜艇辐射噪声高频部分的主要成分。普通螺旋桨的空泡由于最大值产生的部位是重复的，所以空泡会在同一个时段内在桨叶同一个位置点上，同时破裂或者堆积崩塌，空泡噪声是很明显的。而大侧斜螺旋桨并没有消除空泡，而是让空泡在桨叶不同的位置上（也就是桨叶各个半径点上）产生，所以它的最大空泡值比较理想，而空泡的产生和破裂相对比较平稳，空泡噪声自然要小得多。

各国潜艇之所以广泛采用七叶大侧斜螺旋桨，是因为七片桨叶是非对称的，不容易产生共振，噪声较小。既然不对称的桨叶具有这种优点，为什么不用三叶呢？这是因为三叶螺旋桨要达到七叶螺旋桨同样的推进速度，转速至少高出 10 倍，而高转速会引起较大的噪声变化，增加潜艇的暴露概率。

潜艇大部分时间在水下活动，因此速度并不是唯一指标，安静性也是一项无法忽视的重要指标。各国海军经过大量实验证明，七叶大侧斜螺旋桨是最好的选择，因为它在低转速时仍然能够保持相当的推进速度。

法国"可畏"级弹道导弹核潜艇的七叶大侧斜螺旋桨

俄罗斯"基洛"级柴电潜艇的七叶大侧斜螺旋桨

潜艇的螺旋桨连接处是如何防水的

无论是称霸海面的航空母舰，还是深藏水下的潜艇，通常都是依靠螺旋桨驱动的。从船舱里伸出来的尾轴，一头连着螺旋桨，一头连着机舱，尾轴和轴管间必然有缝隙。工作时既要保证传动效率，又要不漏水，这就要考验船舶的密封性能了。如果密封不好，海水在压力下沿缝隙涌入船舱，那船舶就危险了。

大型船舶的尾轴安装在尾轴管内，由前后两个轴承支撑起来运转。一个叫前轴承，一个叫尾轴承，两个轴承之间是密闭的尾轴管。整个系统由尾轴管、尾轴承、密封装置、润滑和冷却系统构成。

轴承的种类很多，按润滑方式可分为水润滑、油润滑两类。水润滑轴承有铁梨木轴承、桦木层压板轴承、橡胶轴承等；油润滑轴承有白合金轴承、滚动轴承等。这些轴承各有优缺点，例如橡胶轴承，因其弹性大，适合在内河、近海等含泥沙较多的水域使用；而白合金轴承、铁梨木轴承在海船上应用广泛。铁梨木是一种自然生长的珍稀木材，价格昂贵，桦木层压板则是它的替代品。

在轴承与尾轴轴套之间有密封装置，其担负着封水封油的任务，一类是接触式，另一类是非接触式。

接触式密封装置是用盘根、橡胶制品等填充在缝隙中，在压力下与尾轴（或轴套）紧密贴合。其中广泛使用的"辛泼莱克斯"（Simplex）密封装置，已获得各国船级协会认证，主要有 CX 基本型、DX 型、无污染 AX 型等。它的密封件是唇形橡胶圈，用弹簧箍在尾轴轴套上，在海水、弹簧压力和橡胶弹力下，密封圈紧紧地贴合在轴套上。这种密封圈要布置多组，比较流行的是尾轴承4组，前轴承2组。尾部的4组密封圈2组往前翻，2组往后翻。它们责任重大，既要防止海水涌入，又要防止润滑油泄漏到海洋中污染环境。密封圈之

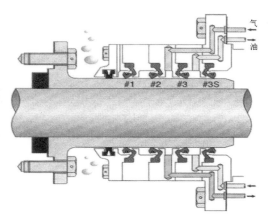

"辛泼莱克斯"密封装置

间注入压缩空气和润滑油，一方面润滑冷却，另一方面与海水压力保持动态平衡，阻止海水涌入，并随船舶吃水变化而调整气压。首部的 2 组密封圈任务就简单多了，只要阻止润滑油泄漏到船内就行了。润滑油循环使用，由导管连接到重力油柜或低位观测柜。如果密封圈漏水，水进入油柜，船员通过观察油柜液面变化和水油比例，就能知道是哪里的密封圈坏了，并及时进船坞修理更换。

　　非接触式密封装置，比较常见的是端面密封，是一种机械密封装置。端面密封里面有动环、静环，由耐磨材料制成。动环随尾轴一起转动，在流体压力和弹簧弹力作用下，动环与静环紧密地贴合在一起，再配合辅助密封，就将海水封闭在船舱之外了。端面密封效果好、泄漏量小、寿命长，但价格比较贵，安装维修要求也比较高。

　　潜艇在深海里航行，承受的水压大，密封方式也比一般水面船舶更复杂。它有多道密封组件，尾部还有密封皮碗，在海水压力下紧贴在尾轴上，保护潜艇不受海水侵犯。

　　形形色色的密封装置保护着船舶，既实现了高效动力传输，又将海水、泥沙拒之门外，还防止润滑油泄漏。它们不但用在尾轴上，也用在舵管、减摇鳍这些与海水连通的零件上，是船舶的重要装置之一。

意大利"托蒂"级柴电潜艇螺旋桨特写

英国"奥伯龙"级柴电潜艇的螺旋桨

泵喷推进器与螺旋桨推进器相比有何优势

潜艇按所用动力装置来分类，可分为常规动力潜艇与核动力潜艇两大类。按所用推进装置来分类，可分为螺旋桨推进器潜艇与泵喷推进器潜艇两大类。

潜艇螺旋桨推进器运行时，由于叶片振动及空泡的存在，会产生很大噪声，同时还会对螺旋桨叶片末端产生不可逆的损害。螺旋桨推进器产生的噪声辐射到海水中后，容易被敌方反潜声呐捕捉到，导致潜艇行踪暴露。

为降低潜艇螺旋桨推进器的运行噪声，人们想了很多办法。其中一种办法就是给潜艇配备七叶大侧斜螺旋桨。潜艇是否采用七叶大侧斜螺旋桨，曾是潜艇是否先进的一个标志。虽然七叶大侧斜螺旋桨产生的噪声较小，但仍然不是一种完美的推进装置。

科学家与工程师经过反复试验发现，如果在螺旋桨外面罩上一个隔音隔振的导流罩，就可进一步降低螺旋桨的运行噪声。经过进一步研究，一种崭新的潜艇推进装置——泵喷推进器就诞生了。它是一种比螺旋桨推进器运行噪声更小、推进效率更高、技术更先进的推进器。与传统的螺旋桨推进器相比，泵喷推进器在外观上的最大特点是它的推进桨叶被包裹在一个环形导流罩内。泵喷推进器在大幅提高推进效率的同时，发出的噪声比七叶大侧斜螺旋桨还要低很多。

最早在潜艇上使用泵喷推进器的国家是英国，紧接着美国也为自己的核潜艇研发了泵喷推进器。目前，英国的"特拉法尔加"级、"机敏"级以及美国的"海狼"级、"弗吉尼亚"级等先进攻击型核潜艇，都采用了泵喷推进器。美国正在规划中的下一代弹道导弹核潜艇"哥伦比亚"级，也已确定使用泵喷推进器。

英国"机敏"级攻击型核潜艇

英国"特拉法尔加"级攻击型核潜艇

美国"弗吉尼亚"级攻击型核潜艇

美国"海狼"级攻击型核潜艇

无轴泵喷推进器领先在何处

　　因受时代与技术的限制，目前欧美国家所有先进核潜艇使用的泵喷推进器，都是有轴泵喷推进器。在结构上，有轴泵喷推进器由固定不动的环形导流罩与其内部的螺旋桨两部分组成。螺旋桨的作用是驱动海水从导流罩内部流过，从而产生推力。但它的螺旋桨仍是由一根来自潜艇耐压壳内的传动轴驱动的。这根传动轴的一头连着潜艇内部的蒸汽轮机或电动机，一头连着螺旋桨的中心轴。

　　采用有轴泵喷推进器的潜艇，仍有贯穿艇体耐压壳的传动轴系存在。因而，潜艇在航行时，传动轴系与艇体、传动轴系与泵喷推进器之间，会相互影响并产生可暴露潜艇行踪的噪声。

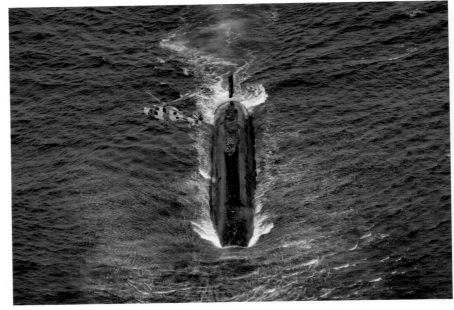

采用有轴泵喷推进器的英国"特拉法尔加"级攻击型核潜艇

　　所有的电动机，都由定子与转子两大部分构成；泵喷推进器，也由外部的环形导流罩与罩内的推进桨叶两部分组成。在无轴泵喷推进器中，电动机的定子被集成在环形导流罩中，与环形导流罩合二为一；电动机的转子则与导流罩内的推进桨叶融为一体。或者说，在无轴泵喷推进器中，其推进桨叶是直接由安装在导流罩内的电动机驱动，而不是由来自艇体内发动机或电动机的驱动轴驱动。

　　有轴泵喷推进器的推进桨叶，由中心轴驱动。而无轴泵喷推进器的推进桨叶，由导流罩内的电动机从四周驱动，根本就没有中心轴。潜艇在配置无轴泵喷推进器后，其推进器与潜艇耐压壳内的汽轮机或电动机之间，不再有复杂的机械轴系联系。因为在无轴泵喷推进器中，驱动泵喷推进器的电机、推进桨叶、环形导流罩已被集成到一起。

　　无轴泵喷推进器与艇体耐压壳内的动力装置，只存在电缆联系。电缆负责将潜艇内部的电力与控制信号传送到无轴泵喷推进器。无轴泵喷推进器配装的各种监控传感器收集的数据，也会通过电缆回传到潜艇内部，供潜艇操作人员决策用。

　　潜艇采用无轴泵喷推进器的好处很多：第一，因为没有来自潜艇内部的主传动轴，所以它在运行时，就没有主传动轴系产生的噪声；第二，由于无轴泵喷推进器是把电机布置在艇体外部的环形导管上，所以能节省潜艇内部的宝贵空间；第三，无轴泵喷推进器与艇体内部只存在电缆联系，所以它的布置非常灵活。它可以装在潜艇艉部正中轴线上，也可以装在潜艇艉部两侧，还能设在潜艇的各种舵上。

　　不过，无轴泵喷推进器要成功应用到潜艇上，还需要解决一系列技术难题。

　　首先，需要解决舰船综合电力技术实用化难题。因为无轴泵喷推进器的转子叶轮是使用大功率电动机驱动的。这些电动机不仅耗电量大，工作时对电力的需求也在随时变化（因潜艇的航速变化范围大）。潜艇需采用综合电力系统，才能对发动机提供的电力实施精确化调度，从而使无轴泵喷推进器在得到足够与持续的电力供应的同时，潜艇上其他设备与武器装备的用电，也能得到满足。

　　其次，无轴泵喷推进器所用电动机，要能在高盐、高腐蚀性的环境中长期工作。无轴泵喷推进器的内置电机，必须暴露在恶劣的海水环境中，以让海水流过电动机定子和转子之间的间隙，带走电动机产生的热量，从而完成对电动机的冷却任务。所以，电动机定子和转子的外壁，都需要采用特殊的防护设计。无轴泵喷推进器的导流罩能对电动机起到机械防护作用，因此也需要专门设计。

采用有轴泵喷推进器的美国"海狼"级攻击型核潜艇

采用有轴泵喷推进器的美国"弗吉尼亚"级攻击型核潜艇

▶▶▶ 弹道导弹核潜艇的导弹发射筒数量有何玄机

弹道导弹核潜艇是以洲际弹道导弹为主要武器的核动力潜艇，所以又被称为弹道导弹核潜艇。目前，国外的现役弹道导弹核潜艇包括：美国"俄亥俄"级潜艇，设有24具导弹垂直发射筒，发射"三叉戟Ⅱ"导弹；俄罗斯"德尔塔Ⅳ"级潜艇，设有16具导弹垂直发射筒，发射SS-N-23导弹；俄罗斯"台风"级潜艇，设有20具导弹垂直发射筒，发射SS-N-20导弹；俄罗斯"北风之神"级潜艇，设有16具导弹垂直发射筒，发射SS-N-32导弹；英国"前卫"级潜艇，设有16具导弹垂直发射筒，发射"三叉戟Ⅱ"导弹；法国"凯旋"级潜艇，设有16具导弹垂直发射筒，发射M51导弹。

显而易见，上述弹道导弹核潜艇的导弹发射筒数量无一例外都是4的倍数（16具、20具或24具）。事实上，不仅仅是这些现役弹道导弹核潜艇，其他已经退役的同类潜艇的导弹发射筒数量也都是4的倍数，例如美国"拉斐特"级潜艇（16具）、美国"伊桑·艾伦"级潜艇（16具）、美国"乔治·华盛顿"级潜艇（16具）、俄罗斯"杨基"级潜艇（16具）、俄罗斯"旅馆"级潜艇（16具）和英国"决心"级潜艇（16具）等。

　　弹道导弹核潜艇的导弹发射筒数量必须为 4 的倍数这是世界各国默认的规则，早在第一代弹道导弹核潜艇上就已经定下了。1957 年，美国开始建造世界上第一艘弹道导弹核潜艇"乔治·华盛顿"级，当时为了保证工程进度、尽快实现弹道导弹核潜艇的实战部署，通用公司建议美国海军将正在建造中的"鲣鱼"级攻击型核潜艇的二号艇"天蝎座"号的艇身在指挥舱与反应堆舱中间一分为二，并在其间插入 16 具弹道导弹发射筒。

　　自此之后，美国海军后续建造的弹道导弹核潜艇以及其他海军强国建造的弹道导弹核潜艇，均将导弹发射筒的数量定为 4 的倍数。即便是仅具备近程弹道导弹发射能力、无法执行战略攻击任务的印度"歼敌者"号潜艇，其导弹发射筒数量也为 12 具。

　　造成这种结果的主要原因，在于弹道导弹核潜艇对稳性的特殊要求。弹道导弹核潜艇在发射潜射弹道导弹后，容易因艇身两侧重量不均造成艇身不稳。对于弹道导弹核潜艇来说，这种不稳非常致命，轻则容易导致发射失败，重则会使艇身侧翻，造成艇毁人亡的后果。因此，弹道导弹核潜艇在导弹发射顺序上，都严格遵循同一组 4 枚导弹按对角线顺序交叉发射的原理，以尽量避免发生艇身不平衡的问题。由此可见，各国弹道导弹核潜艇导弹发射筒的数量都是 4 的倍数，绝不是巧合，而是工程设计上的必然结果。

美国"俄亥俄"级弹道导弹核潜艇的导弹发射筒

俄罗斯"德尔塔 IV"级弹道导弹核潜艇的导弹发射筒

潜艇的鱼雷发射装置有哪些种类

　　各国海军所拥有的潜艇种类繁多，其鱼雷发射装置也各不相同。归纳起来，大体上可分为自航式发射装置、气动不平衡式发射装置、水压平衡式发射装置、气动冲压式发射装置、空气涡轮泵式发射装置等。

　　自航式发射装置是潜艇鱼雷发射装置的鼻祖，其工作原理就是把鱼雷装填到一个框架式的圆筒形栅状管中，使其浸没在水中，只要打开鱼雷的扳机使鱼雷发动机工作，螺旋桨产生的推力就会使鱼雷自动游出栅状管。这种发射装置通常设在潜艇耐压壳体外面的上层建筑中，有固定式和可转动式两种。这种结构极为简单的圆筒形栅状管可保证发射过程无气泡，也无偏差。而且由于它没有向鱼雷提供能量的动力系统，所以很轻巧，使用简便。它的缺点主要是对鱼雷的要求较高，鱼雷要长时间浸泡在海水中，难以进行及时和必要的保养和维修。此外，自航式发射装置不能发射无动力的武器（如水雷）和热动力鱼雷。

　　气动不平衡式发射装置是二战期间世界各国潜艇广泛采用的一种发射装置。该装置的工作原理如下：把鱼雷装填在带有前盖和后盖的密封圆筒形发射管中，在发射前打开前盖，然后根据艇长的命令，打开发射开关，使贮存在发射系统高压空气瓶中的压缩空气进入发射管鱼雷的尾部，压缩空气膨胀做功后，把鱼雷和雷体附近的海水一起挤出发射管。这种发射装置的最大发射深度为 80 ～ 100 米，可发射各种类型的鱼雷，也能布放无动力的水雷以及相应结构尺寸的水声干扰器材等。

　　水压平衡式发射装置是在气动不平衡式发射装置中增加了一个水压平衡系统，其作用就是让待发射的鱼雷后部也与舷外海水相通，使发射过程中鱼雷向前运动时，原来作用在雷头上的海水背压被作用在雷尾上的背压所抵消，这样一来，在发射过程中所需要的发射能量——压缩空气的压力和容积可以保持定值，不再随发射深度的增大而增多。这种发射装置较好地解决了潜艇在水下最大深度发射鱼雷等武器的技术难题，并且能在航行深度不大于 600 米的大中型潜艇上配置。但由于采用了往复活塞式工作原理，水缸和气缸的结构体积比较庞大，这种发射装置的安装技术要求也较高。

　　气动冲压式发射装置比水压平衡式发射装置体积小，重量轻。每具发射管自带一个冲压器，便于根据作战需要组织齐射，齐射间隔时间不受结构的限制。但该装置通过冲压器把发射推力集中在鱼雷尾部，这就要求所发射的鱼雷等武器必须能承受这一推力。此外，在发射管后盖上安装一个颇长的冲压器不仅使开关的操作不便，而且所需的回转空间位置颇大，对潜艇总体布置和充分利用宝贵的空间也很不利。

空气涡轮泵式发射装置是水压平衡式发射装置改进和发展的产物，是目前性能最好的鱼雷发射装置。该装置结构布置比较简便，省掉了结构尺寸庞大、笨重的气缸和水缸等组件，既节省空间，又可直接利用海水的静压力作为水泵的进口压力，促使发射过程中作用在鱼雷头部和尾端的海水静压力基本相同，且由于二者作用方向相反而相互抵消。其结果就是发射武器所需的能量为定值，与发射深度无关。这就满足了潜艇在最大工作深度范围内的任意航行深度上根据作战需要，按艇长的命令立即发射鱼雷。

德国 205 型柴电潜艇的鱼雷发射管

俄罗斯"狐步"级潜艇的鱼雷发射管

美国"俄亥俄"级弹道导弹核潜艇的艇员在鱼雷舱中工作

美国"洛杉矶"级攻击型核潜艇在装填 Mk 48 型鱼雷

Part 03

设备篇

　　潜艇作为水下作战利器，长期游弋在海洋深处，密闭性很强，如果没有完备的探测感知系统，就成了"水下的瞎子"，无法实现对水下和水上目标的探测、搜索、跟踪，乃至于无法规避危险、发动攻击。因此，潜艇离不开侦察、探测、通信、导航等设备。

核潜艇在漆黑的水下如何确定方位

核潜艇是一个国家的国之重器，尤其是战略核潜艇。核潜艇的性质决定其必须长时间待在水下，这就引出了一个问题，在漆黑一片的海洋中，这些核潜艇是如何确定方位和掌握行驶方向并保证航行安全的？很多人认为核潜艇应该是靠全球定位系统（GPS）导航，但在现实中核潜艇的导航远比一般人想象的更复杂，即使没有GPS也能精准定位。

一般来讲，核潜艇不允许驶入陌生海域，因为海洋环境是非常复杂的，驶入陌生海域就意味着要冒极大的风险。所以核潜艇在航行前都会有专门的测绘小组进行航道测绘，将暗流、洋流、暗礁、岛礁等全部标注出来以供核潜艇参考。

核潜艇在下潜之前一般会以恒定不变的北极星作为参照，然后用航线和北极星的夹角数据计算出航向。下潜之后，核潜艇一般有两种定位手段。

第一种定位手段是人工推算。在大航海时代，因为海军要在大海上计算航线等信息，数学就成为了海军的必学科目，到了现在也是如此。因此潜艇兵在潜艇下潜后就能根据航行时间和航向在海图上推算出潜艇的大致方位。

第二种定位手段是使用仪器。最常见的仪器有两种：一种是磁罗经，它是我国古代四大发明之一的指南针的发展与完善，是利用地球磁场引力作用而制造的一种能够指示地理方位和船舶航向的仪器。磁罗经具有结构简单、价格低廉和使用可靠等优点，故为潜艇必备航海仪器之一；另一种是惯性导航系统，它是军事领域里应用非常广泛的一种无源自主导航手段，可以在完全不依赖外部的电、磁、声、光等信息反馈的情况下，确定自己当前的实时位置。不过惯性导航系统也有一个劣势，就是会随着时间的推移累积误差。所以核潜艇每隔一段时间就要上浮观察，重新校正数据。

二战时期的磁罗经

除了上述定位手段，最简单的自然是靠全球定位系统了。不过这种定位方式也有劣势，那就是对外界的依赖较大，容易暴露潜艇位置。因此目前核潜艇下潜后的定位基本不靠全球定位系统，毕竟核潜艇只有做好隐蔽工作，才能保证核威慑效果。

美国海军"洛杉矶"级攻击型核潜艇的艇员正在操作导航设备

现代潜艇需要配备的声呐有哪些

随着现代潜艇担负的任务种类越来越多以及水下作战时的隐蔽性要求越来越高，仅仅装备一个性能单一的主水声站，已经远远不能满足现代条件下的作战需求。因此，现代潜艇通常会装备七八种不同特性的声呐，用以提高潜艇的探测能力。具体来说，现代潜艇需要配备的声呐主要包括以下几种。

第一，艇艏多功能声呐。潜艇的艏部远离动力舱室和推进器，受艇体后段噪声与震动影响较小，有利于提高水声探测器材的探测性能，所以潜艇的主水声站一般都会设置在艇艏。艇艏声呐往往具备主、被动工作能力，并能保障潜艇执行警戒、搜索、跟踪、识别、攻击等多种作战任务。由于艇艏声呐的多任务性，所以它难以在个别的任务特性上进行突出的优化设计，在探测性能上有均衡、全面、中庸的特点。

第二，舷侧阵声呐。艇艏基阵受到艇体布置的限制，进一步增大声阵孔径和降低工作频段都较为困难，致使声呐的被动探测距离受到了限制。同时艇艏声呐基阵在艇体舷侧和艇体后方也都存在着盲区，不能做到全方位监测，影响了潜艇的实时警戒和监测范围。为了提高潜艇探测能力，现代潜艇又开始在艇体上布置舷侧阵声呐。舷侧阵声呐是指将众多的水听器，沿着艇体纵向方向，布置在艇体左右两舷侧的声呐。由于舷侧阵声呐可以充分利用艇体长度扩大基阵的声阵孔径，工作频段可以进一步降低，所以被动探测距离也得到了有效的提高。

第三，拖曳线列阵声呐。不管是艇艏声呐还是舷侧阵声呐，都要受限于艇体布置条件，基阵体积不能无限扩大，声阵孔径受到限制，声呐的工作频段难以进一步降低，在探测距离上无法进一步提高。为了改变这种情况，20 世纪 60 年代一些国家开始在潜艇上装备拖曳线列阵声呐。这种声呐是将一连串的水听器按一定间隔排列后，布置到透声的保护导管中，再通过放机构拖曳于艇体外。拖曳线列阵声呐突破了以往潜用声呐受限于艇体布置条件的局面，布置在导管中的几百乃至上千个水听器有效地扩大了声阵孔径，将潜用声呐的工作频率降低到低频甚至极低频，极大地增加了潜用声呐的探测距离。为潜艇水下远程警戒、远程武器的目标指示提供了有利条件，有效地扩大了潜艇的作战范围，提高了潜艇的作战威慑力。

第四，其他辅助功能声呐，包括侦察声呐、通信声呐、探雷和避碰声呐、水环境传感器等。侦察声呐用来侦测敌方潜艇或者自导鱼雷的主动声呐信号，可以获得敌方主动声呐的工作参数，如方位、发射频率、脉冲宽度、脉冲重复率等。侦察声呐的接收频率较宽，观察范围较广，有的可以进行 360° 全方位探测。在基阵形式上一般采用细小的圆柱阵，以布置在艇艏部位居多。

通信声呐也叫水声通信机，一般由几个定向换能器阵组合而成。一般用于潜艇与水面舰艇或者水下潜艇编队通信联络使用。该系统通过发射机产生话音或者电报调制信号，再由换能器阵发出，在接收方经接收机处理后，就可送到耳机或者扬声器以及电讯机处，将话音或者电报信息提供给接收人员。通信声呐的工作距离有限，工作时要向外发射信号，容易暴露潜艇位置，所以仅限于潜艇周围情况明确时使用，因此其有着非常严格的使用限制条件。

探雷和避碰声呐以主动方式工作，工作频率较高。因为频段高，所以探测距离有限，一般在几百米左右，不过较高频段的声呐分辨率较好，所以能探测到航道上的一些障碍物，比如礁石、沉船、水雷等异物，帮助潜艇操纵人员避离这些危险物体，保障潜艇水下航行的安全性。

　　老式潜艇的水环境传感器比较简单，一般只安装一个声速梯度仪，用以测量潜艇所在水层声速，让声呐系统利用不同途径的声道，改善探测性能。此外，也能让潜艇利用强负度梯层水层或者温度跃变层进行隐蔽和机动。

　　现代潜艇安装了更多种类的水环境传感器，具备了更复杂的功能。以俄罗斯潜艇为例，通常还装有尾流指示器、来流指示器等水环境传感器，能更好地让艇员获悉潜艇所在水层的各种信息，提高潜艇作战时的水声对抗能力。同时还具有探测敌方水面舰艇和潜艇尾流信息的能力，便于潜艇利用尾流制导鱼雷进行快速攻击。

苏联"威士忌"级柴电潜艇的声呐室

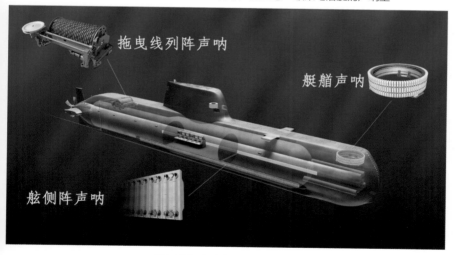

潜艇主要声呐安装位置示意图

>>> 潜艇的潜望镜如何工作

潜望镜是指从海底伸出海面，用以窥探海面活动物体的装置。其构造与普通地面望远镜相同，只是另外增加了两个反射镜，使物光经两次反射而折向眼中。潜望镜的主要部件是一根长钢管桅杆，可升至指挥塔外约 5 米高的位置，两端都装有棱镜和透镜，可将潜望镜的视野放大 1～6 倍。潜艇在浮出水面前，艇长必须指挥潜艇在潜望镜深度先用潜望镜对海平面做一次 360°的观察，以求尽早发现可能出现的敌情。只有在确认没有任何威胁的情况下，潜艇才会浮出水面。

一般来说，处于水下航行状态的潜艇观察海平面和空中目标的唯一手段便是借助潜望镜。早期潜艇大多装有两部潜望镜，即一部攻击潜望镜和一部观察潜望镜。观察潜望镜有一个可配合潜望镜升降杆运动的座位和踏板，主要用于潜艇上浮之前的海空观察和航向确认。而攻击潜望镜没有类似的设备，其主要用于敌情观察、目标测距和攻击方位角度计算。同时，观察潜望镜在夜间观测能力上也更胜一筹。

随着科学技术的发展，现代潜望镜综合应用了微光夜视、红外热成像、激光测距、计算机、自动控制、隐身等光电技术的最新成果，其性能已有了显著提升。以德国研制的 SERO400 型潜望镜为例，其主要技术性能包括：俯仰范围为 $-15°～+60°$，1.5 倍、6 倍和 12 倍三种放大倍率，高精度的瞄准线双轴稳定，潜望镜入瞳直径大于 21 毫米，潜望力约 12 米。它能配置多种摄像机和传感器，如数码摄像机、微光电视摄像机、彩色电视摄像机、热像仪、人眼安全型激光测距仪等，供潜艇指挥官根据实战需要选用；还能把视频信号实时提供给作战系统监视器，实现同步观察。潜望镜系统的串行接口可供不同的作战系统控制台实现遥控操作。该潜望镜系统在昼、夜条件下都有很好的观察效果，能有效监视海面和海空、收集导航数据、搜索和识别各种海上目标，观察到的图像可以进行录像回放。

值得注意的是，现代光电潜望镜的技术已经相当成熟，很难再有较大的提升。传统的穿透式潜望镜存在一些明显的弊端。首先，潜望镜必须穿透潜艇壳体，镜管直径越大对潜艇耐压性的影响就越大；其次，潜望镜目镜头的转动直径一般为 0.6 米，在原本就空间有限的艇内占据了较宽位置，对潜艇指挥舱的布置十分不利；最后，潜望镜只适合一人操作观察，无法实现多人同时观察，不利于作战信息资源的共享。尽管存在上述缺陷，但光电潜望镜目前仍是各国海军潜艇使用最广泛的成像观察装置。

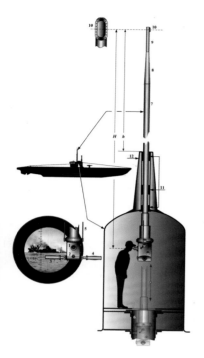

单眼潜望镜工作示意图

美国"鲼鱼"级攻击型核潜艇的艇员
正在使用潜望镜

▷▷▷ 非穿透光电桅杆与穿透式潜望镜相比有何优势

　　由于传统的穿透式潜望镜存在占用艇内空间大、每次只能供一个人使用等缺点，所以各大海军强国一直在寻找合适的替代方案。1976 年，美国科尔摩根公司正式提出最初的光电桅杆原理供海军评审。20 世纪 80 年代，非穿透光电桅杆的开发计划正式启动。如今，光电桅杆已从概念、原理样机发展成为正式型号。美、英、法三国海军的新型核潜艇都采用光电桅杆替换传统的穿透式潜望镜。这标志着现代潜艇光电桅杆技术已经达到相当成熟和可靠的水平。

　　以美国海军现役最新型"弗吉尼亚"级攻击型核潜艇为例，其装备了全新的非穿透复合式光电桅杆，从而改变了传统核潜艇对水面目标信息的收集方式，它可获取光学、红外影像、微波信号等，能探测敌方雷达、无线电设备等电磁辐射信号；其光电探头摄下的图像，可在艇内大屏幕显示器上播放，便于艇长和众多艇员实时观察水面情况，而传统潜望镜只能供 1～2 人观察，因此极易导致观察疏漏；复合式光电桅杆侦测的目标诸元，可直接传输到艇载网络化数字式火控系统，大大提高了火力发射的效能、效率和接战速度；非穿透复合式光电桅杆的应用，还可增强艇体强度，降低工程难度，有效缩短建造周期。

一般来说，光电桅杆由观察头、非穿透桅杆和艇内操控台三部分组成。它与传统的穿透式潜望镜相比有诸多优点：光电桅杆不穿透耐压艇壳，可以直接布置在指挥舱的合适位置，不但提高了潜艇耐压强度，也方便了指挥舱的布置；光电桅杆的观察头装有多种光电探测传感器、电子战和通信天线等装置，功能较为全面；艇外所有目标可通过电视和红外摄像机摄取，然后传输到艇内，显示在操控台监视器及大屏幕上。

目前，光电桅杆正在逐步取代穿透式潜望镜，成为潜艇作战信息系统的重要组成部分。不过，由于技术复杂、价格昂贵等原因，目前只有美国"弗吉尼亚"级、英国"机敏"级和法国"凯旋"级潜艇安装了两根光电桅杆，其他新型潜艇大多采用一根光电桅杆和一台潜望镜配合使用的设计。

英国"安菲翁"级柴电潜艇的潜望镜

英国"奥伯龙"级柴电潜艇的潜望镜

英国"特拉法尔加"级攻击型核潜艇升起的光
电桅杆（右侧）和通信天线（左侧）

装有两根光电桅杆的美国"弗吉尼亚"级攻击型核潜艇

现代潜艇配备的雷达有何特点

现代潜艇配备的雷达主要用于搜索、导航、目标跟踪、鱼雷和导弹发射控制。与光学探测系统相比，潜艇雷达具有测距精度高、探测距离远、测量时间短、可全天候工作等优点。由于潜艇的使用环境与水面舰艇不同，所以对雷达的要求也有所不同，潜艇对雷达的特殊要求是：隐蔽性好；天线能升（探测时）能降（潜航时）；为适应深水潜航，还需要有耐压性、密封性良好的天线和波导结构。

潜艇雷达的特点是：为减小天线尺寸和提高定位精度，大部分雷达工作在 X 波段；有 360° 全景搜索、扇形搜索、短促发射和假负载发射（雷达寂静）4 种工作状态，有利于提高雷达的隐蔽性和抗干扰能力；部分潜艇雷达与潜望镜测距雷达共用一套发射、接收和显示设备（既发挥了雷达测距精度高，又发挥了潜望镜测角精度高的特点），而天线部分各自独立（即一机两天线的配置方式）。工作频率、脉冲宽度、脉冲重复频率等参数可选，并可与民用船舶导航雷达的相应参数相同，以增强其隐蔽性；除发射管、天线开关和阴极射线管外，基本上实现了固态化，从而使雷达体积小、重量轻、可靠性高。

潜艇雷达的未来发展方向为：进一步提高其隐蔽性；努力提高可靠性以适应其恶劣的工作环境；采用各种抗海杂波和抗电子干扰措施；增大作用距离；提高测量精度；提高数据处理能力。

俄罗斯"亚森"级攻击型核潜艇装有 I 波段搜索雷达和电子对抗警戒雷达

英国"机敏"级攻击型核潜艇装有 1007 型 I 频平面搜索雷达

>>>> 潜艇如何实施水下通信并进行保密

　　潜艇堪称水中暗藏的杀手，具有较强的隐蔽性。影响潜艇隐蔽性的因素很多，而潜艇的通信，特别是潜艇的主动发信行为则是潜艇暴露的重要因素之一。随着无线电测向技术的发明，利用岸基、舰载或机载无线电测向设备能测出潜艇发信时的位置，并对其发起攻击。因此，各国都对潜艇的通信方法和新的通信技术进行了研究，目的就是在满足潜艇通信需要的同时尽量增强潜艇的通信隐蔽性。

　　潜艇通信的方法主要有无线电静默和快速通信。无线电静默是潜艇在规定的时间和海区内禁止无线电发信，而只收信甚至不收信的隐蔽措施。一般在舰艇接敌前、通过敌占区或执行特殊任务的隐蔽航行时采用。目的是防止敌方利用无线电台和无线电测向设备获取己方舰艇的发信时间、功率、联络关系和电台移动的速度、方向，从而探测到己方潜艇所在海区、数量、指挥关系、航速、航向和行动企图等情报。潜艇无线电静默有全面静默和单方静默，单方静默是只接收不发信。

　　潜艇发信是海上潜艇对岸上指挥所、水面舰艇或飞机的发信，以无线电短波为主，也可采用卫星中继方式。潜艇发信所产生的电磁波辐射容易暴露潜艇位置，危及自身安全，因此在发信时只采用单向发信方式，信息力求简短，并尽量提高发信速率，最大限度地压缩发信时间和次数。现在潜艇短波发信的传统人工方式已逐渐被自动快速通信所取代。自动快速通信也称为"瞬间通信"或"猝发通信"，也称为"快速报"，十余组电报可在零点几秒内发出。快速发信终端与瞬间大功率发信机结合，可在短时间内以 5～6 倍于平均输出功率的功率传输，利于远距离接收。潜艇还可利用通信卫星向岸上指挥所发信，通信速率极高，在短时间内能交换大量信息，且不易被截获。潜艇发信时，根据情况上浮至水面，也可在水下将升降天线升至水面或利用浮于水面的拖曳浮标天线实施。

　　潜艇通信的主要保密技术措施有以下几种：一是在通信设备中加入保密装置（如密码机），抵制敌方对电文和话音内容的破译；二是使用快速通信设备，报文信息在瞬间发出，使电波在空中停留时间短于敌方侦测所需时间；三是利用卫星中继实行定向窄波束通信；四是利用扩频技术，使信息的信号功率分散在很宽的射频频带内，掩蔽在背景噪声中，使敌方难以发现和截获。潜艇的发信机系统一般装有隐蔽调谐设备，将潜艇发信前的无线电波辐射减小到最低限度。为了加强舰艇通信保密，通常需要多种措施综合使用。

美国海军"俄亥俄"级弹道导弹核潜艇在韩国釜山

美国海军"俄亥俄"级弹道导弹核潜艇在意大利那不勒斯

>>> 岸上指挥所如何与海上潜艇通信

　　岸上指挥所的对潜发信网是由多座无线电发射台组成的对潜发信体系，通常以甚长波发射台为主，按多点、纵深、疏散，并能相互代替的原则配置组成发信网，以增加对潜通信的覆盖面。各台均配有大功率短波发射机，岸上指挥所对潜艇的命令、指示和通报等，均在此网以甚长波和短波同时发出。网内各发射台之间、各发射台与对潜指挥所之间，均有通信和遥控线路相连，以便统一指挥、调度和传递对潜电报。例如美国建有9个甚长波发射台，其中2个在亚洲，1个在大洋洲，1个在中美洲，1个在欧洲，4个在本土和夏威夷，构成了全球对潜发信网。

　　岸上指挥所对海上潜艇的通信，主要使用甚长波、超长波无线电通信手段。为保持潜艇活动的隐蔽性，岸台一般采用定时通播即广播的方式向潜艇单向发信。对常规潜艇，主要使用频率为3～30千赫的甚长波和短波同时发信，潜艇按规定时间在水下10～15米潜望镜深度用环形天线、或在40～80米深度用拖曳浮标天线接收甚长波信号，潜艇处于水面或潜望镜深度活动时还可接收短波信号。核动力潜艇由于通常在深海活动，甚长波穿透深层海水能力差，因此岸台主要使用频率为30～300赫的超长波发信。超长波穿透海水能力比甚长波大10倍，潜艇可在距水面100米以内用长度约600米的拖曳浮力电缆天线接收。超长波虽然穿透力大，但其传输速率较慢，发送3个字母的信号约需15分钟。因此超长波发信通常用于岸上指挥所向大洋深潜潜艇发送重要的加密指挥信号（如核武器使用等），或以约定信号通知深潜潜艇上浮至能接收甚长波、短波或微波信号的深度，再用高速电报将详细内容发给潜艇。

岸对潜通信的另一方式是卫星中继通信，岸上指挥所将发给潜艇的信息储存在岸站设备内，潜艇对岸上指挥所的信息可随时发出，并能以主动取报方式自动接收岸上信息。其传输速率高，通信容量大，可靠性好，能在短时间内交换大量信息，但潜艇须上浮至水面或潜望镜深度，使其卫星天线露出水面指向卫星才能进行通信，不利于保持潜艇的隐蔽性。

为保证岸对潜通信的不间断，有的国家还尝试建立了机载对潜通信系统。该系统通常由10余架飞机组成对潜通信机群，每架飞机安装甚长波发信机和拖曳天线，飞机轮流升空对潜发信，潜艇则以慢速潜航在水下15米深度接收。

岸上指挥所对潜艇的收信是由对潜收信网来达成的，对潜收信网是由多个收信点构成的对潜短波收信体系。因潜艇活动距离远，使用快速方式发出的信号短促微弱，当多艘潜艇在不同海区活动时，单个收信点无法可靠接收潜艇信号。为提高对潜艇信号的收全率和准确率，

英国海军"前卫"级（前）和"决心"级（后）
弹道导弹核潜艇离开基地

一般都以数个收信点组成对潜收信网。网内的收信点采用分散、梯次的方式进行配置，以保证最大限度地接收潜艇在不同距离、不同方向、不同时间发出的信息。各收信点与对潜指挥所间均有线路连接，收到信号后即可迅速传给对潜指挥所，指挥所将各收信点传来的信息进行人工或自动综合、判决后整理出完整的报文。

　　为可靠地接收海上潜艇发出的短促、微弱的短波无线电信号，岸上设置的专门对潜收信点内设有多部高灵敏度短波接收机、快速收信终端和覆盖相应扇面的多副高增益收信天线，采用频率分集或空间分集的方式对潜艇短波信号进行全时接收。潜艇通过通信卫星发信时，则由岸上卫星地面站自动接收。收信点或卫星地面站收到潜艇信号后，立即转发给对潜指挥所，指挥所通过对潜发信网给潜艇发出信息。

美国海军"俄亥俄"级弹道导弹核潜艇的艇员正在通话

俄罗斯海军"德尔塔Ⅳ"级（左）和"北风之神"级（右）弹道导弹核潜艇停泊在港内

美国海军"洛杉矶"级攻击型核潜艇在关岛阿普拉海军基地

▶▶▶ 什么是舰潜协同通信

舰潜协同通信是为保障水面舰艇与潜艇协同动作而建立的通信。在近距离时，水面舰艇对处于水面状态的潜艇可使用视觉通信或超短波通信；对处于潜望镜状态的潜艇可使用超短波通信；对处于水下的潜艇则使用水声通信或水中音响通信。在远距离时，一般通过岸上指挥所转达，即水面舰艇将给潜艇的信息发给岸上指挥所，岸上指挥所通过对潜发信网转发给潜艇；潜艇给远距离水面舰艇的信息，利用潜艇报告网发出，岸上指挥所再将此信息通过舰艇指挥网转发给水面舰艇。装有卫星终端的水面舰艇和潜艇间的通信，可利用卫星通信线路达成协同通信。

水声通信是利用声波在水下传递信息而达成的通信，作为水下潜艇、水面舰艇间进行联络的近距离通信手段，通常有电话、电报等工作方式。利用这种通信方式通话时，话音质量较差；通报时，一般用人工手键以摩斯电码发出简短的约定信号，其通信距离远于通话距离，但通信速度较慢，通信质量易受海水温度、盐度和深度变化及海洋噪声等因素的影响。其通信距离取决于发信者的发射功率、接收者的航速、接收机的灵敏度和通信海域的水文条件。在一般条件下，可达数千米至数十千米，利用深海声道甚至可达上千千米。

美国海军"洛杉矶"级攻击型核潜艇和"蓝岭"级两栖指挥舰

美国海军"卡尔·文森"号航空母舰战斗群中的"洛杉矶"级攻击型核潜艇

▶▶▶ 潜艇浮力电缆天线有什么作用

潜艇浮力电缆天线，也被称为"潜艇拖曳天线"，是利用收放装置将有浮力的天线组件释放出艇外，用于潜艇在水下安全深度接收无线电信号的装置。其主要由天线组件、收放装置、控制装置等部分组成。

当潜艇在水下安全深度航行时，可通过控制装置操纵收放装置，实现对天线组件的收放。天线组件依靠自身浮力倾斜上浮至水面或水下较浅深度，接收无线电信号，实现潜艇安全深度下的通信和导航。这种天线能有效地提高潜艇的安全性和隐蔽性。其天线组件一般由馈线（又称电缆线）、电极连接器和天线组成。用于高频接收时，为了克服长馈线带来的衰减，必须配有低噪声前置放大器。天线一般为短路单极子，其方向图是"∞"字形，主要接收海水中传播的水平电场波。

潜艇浮力电缆天线根据其收放装置的安装方式，可分为内置式和外置式。外置式收放装置安装在潜艇耐压壳体外，不占用艇内空间，但收放装置长期浸泡在海水中，且潜航状态下无法进行监控维修。内置式收放装置安装在潜艇耐压壳体内，虽然占据艇内一定空间，但其主要机械部件与海水隔离，环境条件大为改善，且潜航状态下可以进行监控维修，使其可靠性和可维修性明显提高。

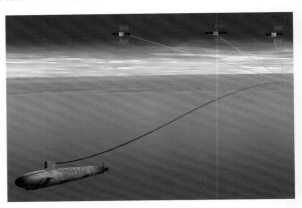

潜艇浮力电缆天线示意图

🔔 小知识：

天线方向图又叫辐射方向图、远场方向图，是指在离天线一定距离处，辐射场的相对场强（归一化模值）随方向变化的图形，通常采用通过天线最大辐射方向上的两个相互垂直的平面方向图来表示。

潜艇作战系统的作用是什么

　　潜艇作战系统是潜艇指挥舱中的核心设备，它将指挥、火控、通信、情报、侦察等（C4ISR）功能集成在一起，高效处理艇艏主、被动声呐，舷侧声呐阵列和艇艉拖曳阵列产生的海量信号数据，自动分析并追踪声呐系统探测到的水面和水下目标，建立战场态势感知图像，控制鱼雷和反舰导弹的诸元装定和发射；配备对陆攻击巡航导弹的潜艇还具备接收对陆攻击指令和目标信息、规划导弹航路、控制导弹发射的功能。

　　以美国海军为例，其从 20 世纪 80 年代初便已经开始研发并装备了五代潜艇作战系统，分别是 CCS MK-1 系统、AN/BSY-1 系统、CSS MK-2 系统、AN/BSY-2 系统、AN/BYG-1 系统。其中，AN/BSY-2 系统是美国海军第一种真正实现一体化的潜艇作战系统，其采用全分布式架构以光纤数据总线集成全艇的资料数据处理系统、探测系统和 11 个 AN/UYQ-70 商规显控台，核心是 AN/UYS-2 声学信号处理器。AN/BSY-2 系统使用了超过 1000 个摩托罗拉 68000 系列处理器，其中 300 个是用于 AN/UYS-2 的 32 位摩托罗拉 68030 处理器，构成了一个由 102 个处理器节点组成的弹性架构，并且系统中任何一个处理器都可以作为武器火控处理器的备份。

装有 AN/BYG-1 系统的美国海军"弗吉尼亚"级攻击型核潜艇

进入 21 世纪，美国海军在 AN/BSY-2 系统的基础上研发了 AN/BYG-1 系统，使其数据处理能力提高了 7 倍，且成本仅有前者的 1/6。该系统首先装备"弗吉尼亚"级攻击型核潜艇，"海狼"级攻击型核潜艇、"俄亥俄"级弹道导弹核潜艇、"洛杉矶"级攻击型核潜艇改进型也先后改装并统一了全部潜艇的作战系统。

AN/BYG-1 系统由战术控制系统（TCS）和武器控制系统（WCS）两部分组成，TCS 将所有探测系统的资料融合成单一的战术作业图像，代替过去多个显控台上的子系统信息，大幅提高了态势感知能力和信息准确率。AN/BYG-1 系统会定期进行软件和硬件升级，例如在 2011 年加入了无人机指挥控制能力，更新了分辨率更高的显示器，增强了高密度目标海区的自动化操作能力。

"弗吉尼亚"级攻击型核潜艇的电脑化鱼雷舱

▶▶▶ 俄罗斯潜艇配备的电子战浮标系统有何作用

对深海潜行的潜艇来说，遇上反潜平台布设的声呐浮标可不是什么好事。为精准定位潜艇位置，反潜巡逻机、反潜直升机等平台布设了不少声呐浮标。一旦这些声呐浮标被撒向潜艇所在的海域，它们就会源源不断地将相关信息回传给反潜平台，从而让潜艇无所遁形。

　　不过，昔日用来发现和猎杀潜艇的声呐浮标，如今正在被潜艇创造性地运用。俄罗斯就研发了一种电子战浮标系统，并将其命名为"圆筒-M"，这意味着俄罗斯海军潜艇多了一种有效的隐身措施。

　　潜艇一般会通过消音、消磁等方式来隐蔽自己。而"圆筒-M"电子战浮标系统能通过"致盲""致聋"敌方反潜平台所布设的声呐浮标，让这些声呐浮标无法将信息回传给反潜平台，从而保证己方潜艇的安全。

　　"圆筒-M"电子战浮标系统的"致聋"原理比较简单，就像把一款信号屏蔽器放在手机旁边，手机因发射不出无线电信号而与外界失联。只不过"圆筒-M"电子战浮标系统要对付的不是手机，而是敌方的声呐，因此阻断的是敌方声呐浮标的通信链路。

　　"圆筒-M"电子战浮标系统由潜艇发射至水面后，会自动激活，发出干扰电波，压制附近海域的无线电通信。由于目前反潜平台所使用的声呐浮标普遍功率较小，抗干扰能力偏弱，基本无法与"圆筒-M"电子战浮标系统对抗，所以大概率会被"致盲""致聋"。反潜平台一旦成了"睁眼瞎"，潜艇就能从敌人眼皮底下从容逃脱。

　　有专家认为，这种电子战浮标系统的应用，会在一定区域内造成大面积的信号盲区，反而更易暴露潜艇的出没行踪。不过俄罗斯海军"北风之神"级、"德尔塔IV"型弹道导弹核潜艇都将配备"圆筒-M"电子战浮标系统。由此推测，相关问题或许已经得到一定程度的解决。

俄罗斯海军"北风之神"级弹道导弹核潜艇

俄罗斯海军"德尔塔 IV"级弹道导弹核潜艇

>>> 光纤水听器能否让潜艇无所遁形

　　声波是目前人类知道的唯一能在水中远距离传播的物质，当声波在水中遇到物体时，还会被反射回来。不同频率的声波，在水中被吸收和反射的程度也不相同，人类根据声波这一特性发明了声呐，并在反潜作战中广泛使用。然而随着潜艇的静音性能越来越出色，利用传统声呐装置进行侦听的难度大大增加。在这种背景下，光纤水听器应运而生。

　　光纤水听器是一种建立在光纤传感和光电子技术基础上的水下声信号探测器。它利用相关检测技术，如同魔术师一般直接把水声信号变换成光信号，并通过光纤传输至信号处理系统。经过后续处理，技术人员就能从看似宁静的信号中提取出潜艇的独有声响。

　　早在 1937 年，研究人员就发现了深海中存在着一个能让声波传输到更远距离的"深海通道"。在"深海通道"和反潜技术发展的基础上，美国海军研究实验室于1977 年发表了首篇关于光纤水听器的论文，开启了属于光纤水听器的水下侦听新时代。此后，美国海军研究实验室开始执行光纤传感器系统计划，光纤水听器是该实验系统的重要内容之一。

美国海军在"流动噪声驳船"系统上对塑料芯轴光纤水听器进行了第一次海上实验，并于 1983 年 7 月在巴哈马群岛成功部署。其后，美国海军相继进行了多次拖曳式光纤水听器阵列的海上实验，并取得了重大成功。伴随着美国海军研究实验室正式制定潜艇用"光纤水听器系统标准"，光纤水听器也开始了向实用武器系统的巨大迈步。

作为未来水下侦听系统的重要发展方向，英国、法国、意大利等国也相继开展光纤水听器领域的研究。光纤水听器能有效克服传统声呐需要大量水下电子元件、价格高、重量大、密封性不好等问题，且能有效提高水声信号的侦听精度和系统的稳定度。

英国海军则主要聚焦利用阵列进行浅海监视和海岸线监控的技术，目前已经成功研制出光纤海底阵系统，可实现远距离组建的光纤水听器阵列技术具有巨大的应用前景。法国、意大利与挪威合作执行全光纤水听器线阵计划，旨在发展静态光纤水听器阵列，并计划将其发展成为欧洲长期防卫联盟项目的一部分。

与传统水听器相比，光纤水听器具有诸多优势。光纤水听器能把大量信号从一根光纤里传输，其模块单元也可灵活设计，且响应带宽较宽、灵敏度极高，在信号传输和单元布设时还无须担心电磁环境的干扰，拥有组建形成光纤水听器大规模探测阵列的巨大潜力。光纤水听器与反潜巡逻机和反潜舰艇协同作战，就能形成一张洞察汪洋的立体反潜"水听网"。此外，光纤水听器还能与地面侦听站和空天探测卫星配合使用，成为"军事物联传感网络"的重要组成部分。

以火力强大、噪声小而闻名的俄罗斯
"基洛"级柴电潜艇

静音性能出色的美国"海狼"级攻击型核潜艇

▶▶▶▶ 潜艇是否安装了类似飞机"黑匣子"的设备

众所周知，现代飞机都安装了"黑匣子"。"黑匣子"是电子飞行记录仪的俗称，用于记录飞机飞行和性能参数。"黑匣子"记录的信息可用于飞行事故分析，人们可根据飞机坠毁前记录的数据和话音记录，经处理后送入一种飞行模拟器，重现事故的过程，直观地分析事故的原因。"黑匣子"的外壳具有很厚的钢板和许多层绝热防冲击抗压保护材料，通常安装在飞机尾部最安全的部位，其记录介质为能承受巨大冲击的静态存储记录仪，类似于计算机里的存储芯片，可以有效防止"黑匣子"在空难中损坏。

既然"黑匣子"的作用这么大，那么战舰尤其是危险性较高的潜艇有没有安装类似的装置呢？答案是有的。潜艇"黑匣子"是从俄罗斯海军"库尔斯克"号核潜艇沉没事故开始为世人所熟知的，它让扑朔迷离的"库尔斯克"号核潜艇沉没原因最终水落石出，其事故原因最终被认定为人为操作失误。

潜艇"黑匣子"实际上就是在潜艇的失事浮标内及时放进一个小巧的"黑匣子"。当潜艇遇难后，如果前部舱室损坏严重或失事浮标放不出来，可以立即放出后部失事浮标。如果后部舱室毁坏或失事浮标放不出来，则正好相反。

当海上搜救人员发现并打开失事浮标后，拿出"黑匣子"进行解读，就可以清楚地掌握潜艇的失事原因和艇内的基本情况，以及艇内人员正在采取的各种措施等。外部救援人员便可据此相应地使用各种救援工具并采取最有效的措施。

潜艇"黑匣子"的保密性能很好。它有一套特别的防护措施，即使失事浮标中的"黑匣子"被敌方捞走或抢去，其内部经过加密并经特殊处理的信息，也很难被破解。只有使用与之配套的解密设备，才能将其破译出来。

虽然潜艇"黑匣子"的体积不大，但是结构非常复杂。它对材料、技术和工艺等诸多方面的要求十分严格，涉及海洋、通信、电子、材料等众多学科，其设计、制作难度丝毫不亚于飞机"黑匣子"，有些方面甚至难度更大。所以，目前世界上还没有几个国家拥有真正意义上的潜艇"黑匣子"。

严重受损的俄罗斯海军"库尔斯克"号巡航导弹核潜艇

1981 年苏联海军"威士忌"级潜艇发生触礁搁浅事故

▶▶▶ 潜艇兵如何分辨白天和黑夜

众所周知，潜艇长期在水下工作，而水下环境和陆地环境的区别较大，其中最明显的区别就是艇员在水下感受不到阳光的存在，这就意味着他们无法分辨白天和黑夜。但奇怪的是，艇员还是能够维持正常的作息，这是如何做到的呢？其实并不难。

潜艇在海战中有着至关重要的作用，它可以攻击敌方舰艇，可以侦察敌方海上部署，也可以进行海底探测。但潜艇是密封的，阳光不能照射进来，长时间过后，艇员的身体机能就会混乱，所以分辨白天和黑夜是很重要的事情。在地面上，人们可以依靠太阳、月亮来分辨白天和黑夜。但在潜艇上却很难通过肉眼分辨时间，一是因为在水下看不见太阳和月亮，二是因为潜艇经常跨时区作战，由于时差的存在，普通的钟表是没有作用的。为了解决这个问题，人们发明了潜艇钟。与其他钟表不同，潜艇钟是 24 小时制的，并且精准度很高。

不过，潜艇钟的制造费用很高，并不是每一艘潜艇都能安装潜艇钟。所以就有人想出了别的办法，即采用指示灯帮助艇员分辨白天和黑夜。指示灯通常有白色灯和红色灯两种，白天开着白色灯，晚上开着红色灯。白色灯照射出来的白光比较刺眼，适用于白天；红色灯照射出来的红光相对较暗，适用于黑夜，即使艇员在夜里登上陆地，也能很快适应。

此外，还有一个简单的办法，就是广播。潜艇上并不是每个房间都有指示灯，所以广播比较方便。广播可以告诉艇员什么时间做什么事情，例如什么时候吃饭、什么时候睡觉。这样艇员就可以通过广播来分辨白天和黑夜。

美国海军"弗吉尼亚"级攻击型核潜艇的艇员准备睡觉

美国海军"弗吉尼亚"级攻击型核潜艇的艇员正在吃饭

▶▶▶ 潜艇如何解决做饭问题

古语有云："兵马未动，粮草先行。"不管是什么兵种，填饱肚子都是头等大事。在食品保存技术落后的时代，军队都需要"埋锅造饭"，这个过程中就会出现炊烟，历史上有不少因为生火做饭而导致军队行踪暴露的事例，因此军队在作战时会尽量减少生火次数。后来随着科学技术的进步，这一问题得到了很好的解决，现代军队作战时都不用为了饥饱问题而忧心。陆军部队携带了各种野战口粮，加上先进的随军餐车，在战场上填饱肚子甚至吃上热饭都不是难事。不过，长期在海上活动的海军部队在吃饭方面就要麻烦得多了，尤其是在水下作战的潜艇部队。

在深海潜艇里做饭究竟有多难呢？对于这个问题，可以从潜艇做饭纪律里的几项规定上一探究竟。首先，几乎所有国家的潜艇都不允许出现明火。明火对潜艇的危害很大，且不说火焰燃烧本身需要消耗潜艇内部为数不多的氧气，其燃烧反应一旦没有彻底进行，还会释放一氧化碳，当一氧化碳积累至一定浓度时顷刻间就能夺取潜艇兵的生命。更可怕的是，一旦明火导致潜艇内部失火，潜艇兵几乎没有幸存的可能，因为潜艇从深海浮到海面上，需要很长一段时间，这段时间足以让潜艇内部的设施全部化为灰烬。

没有明火，潜艇兵如何做饭呢？答案是用电。在潜艇内部通常都会配备电磁炉、蒸烤箱之类的电器，这些电器不仅能够加热食物，同时也可以简单处理一些快餐。这种做饭方式不仅能够解决潜艇兵的饮食问题，还可以保证潜艇兵的人身安全，可以说是一举两得。当然，有得必有失，通过这种方式做饭，烹饪没了"灵魂"，潜艇兵也失去了"美好的味觉体验"。

其次，潜艇不能携带萝卜、红豆、绿豆一类的食物以及大蒜、洋葱等气味较重的调料。原因很简单，那就是萝卜、红豆、绿豆等食物会让人胀气、放屁，在狭窄的潜艇内部，不仅气味难闻，而且还有引发爆炸的风险。这并不是耸人听闻，因为人类的肠胃所排出的气体，的确含有能够引发爆炸的成分，尤其是在潜艇内部氧气稀缺、需要利用化学反应制氧的情况下，这一行为就带有一定的危险性。

至于为什么不能将大蒜、洋葱这类气味较强的调料带上潜艇，主要原因是潜艇的第一要务是隐蔽，经常连续几个月都潜在海底，因此其通风换气方面存在很大的不足，在这种情况下，刺激性气味较强的食材及调味品会给潜艇兵带来很大的困扰，所以索性就直接明令禁止。

　　再次，在潜艇上做饭不能发出太大的声音。因为声音在固体和液体中的传播速度，比在气体中更快，这也直接导致潜艇在海底潜行越发困难，因为一点点声音经过海水的放大都会扩散到很远，故而极有可能被敌人探测到，从而暴露潜艇的踪迹。正因如此，在潜艇上做饭其实大多都是对半成品食物的再加热，与其说是做饭不如说是加热饭菜，且很少能够用到刀具来对食物进行切割加工。

　　最后，要妥善处理做饭产生的厨余垃圾和油烟。厨余垃圾和油烟如果不经过处理就排到海里，那么敌人不用借助雷达和声呐，仅凭海面的油污带和漂浮物就可以追踪到己方潜艇。所以潜艇处理厨余垃圾的正确方式是先把厨余垃圾压缩收集好，然后放到相应的回收处，待上岸后再处理掉。如果厨余垃圾太多了怎么办呢？潜艇也装有专门的残渣抛出装置，将需要排出的厨余垃圾打包好，排出前再加入铅块，保证厨余垃圾沉入海底且短时间内不会上浮。至于油烟的处理，要经过相应的装置过滤、循环，确保排出去的气体对周围环境没有影响。总而言之，处理厨余垃圾和油烟是一件烦琐复杂的事情，但如果不注意这些处理的细节，就有可能酿成大祸。

美国海军"俄亥俄"级弹道导弹核潜艇的艇员
正在制作蛋糕

美国海军"弗吉尼亚"级攻击型核潜艇的艇员正在摆盘

核潜艇主要有哪些防辐射措施

由于核辐射的特殊性以及类似"切尔诺贝利核事故""福岛核事故"等事件的影响，使很多人"谈核色变"，那么在核潜艇上服役的艇员是不是也面临着遭受核辐射的危险呢？首先可以明确的是，在核潜艇上工作确实有遭受过量辐射照射的危险，但是辐射防护是核潜艇设计中重点考虑的一个方面，只要辐射防护的边界完整且未遭受破坏，那么在核潜艇上工作就和在常规潜艇上一样安全。

目前，各国现役的所有核潜艇装备的均是以铀 235 为燃料的压水反应堆，核燃料在反应堆中发生裂变释放能量的同时，也会释放出大量有害辐射，包括 γ 射线、β 射线、快中子等，对人体危害极大，因此，会在反应堆压力容器以及周边构筑物表面敷设能够隔离有害辐射的屏蔽层。由于屏蔽不同粒子或者射线的材料差异很多，因此，屏蔽层的组成材料多种多样，在整个核动力系统中屏蔽层所占用的空间、重量往往比反应堆本身还要大，经过屏蔽层的隔离后，能够释放到外部环境的射线或者粒子就会降低到相应的安全标准以下，只要是按规定操作就不会造成放射性伤害。

核辐射对于地球上的所有生物都会造成严重的影响，但是也不是任何辐射都会对人体健康造成影响，造成放射性伤害需要两个条件，一是高辐射水平（也就是单位时间内遭受的辐射照射），二是足够的照射时间（也就是有足够的累计照射剂量）。核潜艇在设计时有严格的屏蔽设计要求，人员活动区域的辐射水平会被限制在安全标准以内。另外，核潜艇的人员操作也有严格的规章制度，不会长时间暴露在辐射环境内，尤其是核动力系统相关的操作人员，必须要有相关资质且需要经过严格的培训。通过上面两种手段，就能够保证在正常情况下核潜艇上的人员不会遭受过量辐射照射的危害。

自从 1954 年全球首艘核潜艇"鹦鹉螺"号服役以来，世界各国发生过多起核动力舰艇事故，也发生过海军人员遭受过量照射的事故，但是这些事故绝大多数都是核动力系统屏蔽边界完整性遭受破坏或者人员操作不当引起的。另外，美国、俄罗斯都曾发生过核潜艇葬身大洋的事故，在海水的长期作用下核动力系统屏蔽边界肯定会被破坏，其放射性释放在所难免，但是目前还没有发现这些失事的核潜艇对海洋生物、环境造成明显的影响。随着世界各国在材料、仪控、制造工艺等方面的不断进步，核反应堆的安全、辐射屏蔽的效果以及运行管理水平等也在不断提升，在核潜艇上服役遭受过量核辐射的风险也会越来越小。

当然，如果核潜艇的核动力装置在实战中严重损毁，其艇员确实会比常规潜艇的艇员多承受一道核辐射的危害，但是在这种情况下核潜艇和常规潜艇都无法保证艇员可以存活下去，艇员是否遭受核辐射其实是一件没必要过分关注的事情。

俄罗斯海军"北风之神"级弹道导弹核潜艇的艇员正在关闭舱门

美国海军"俄亥俄"级弹道导弹核潜艇的艇员正在进行消防演练

美国海军"鲟鱼"级攻击型核潜艇的艇员正在工作

Part 04
性 能 篇

　　潜艇之所以能够发展到现代，是因为它具有以下特点：能利用水层掩护进行隐蔽活动并对敌方实施突然袭击；有较大的自持力、续航力和作战半径，可远离基地，在较长时间和较大海洋区域以至深入敌方海区独立作战，有较强的突击威力；能在水下发射导弹、鱼雷和布设水雷，攻击海上和陆上目标。

世界上体积和吨位最大的潜艇是哪一级

由于潜艇行动范围、作战任务的特殊性，在人们的印象中它们都带有一定的神秘色彩，很多人都好奇世界上体积和吨位最大的潜艇是怎样的？答案就是俄罗斯"台风"级弹道导弹核潜艇。

"台风"级潜艇是典型的冷战时期的产物。众所周知，受到美苏冷战时期军备竞赛的影响，双方的武器装备均得到了井喷式发展，"台风"级潜艇就是当时苏联的代表作之一，其艇体长度为 175 米、宽度为 23 米。"台风"级潜艇的潜航排水量高达 4.6 万吨，这一参数已经超过了部分航空母舰，以法国"戴高乐"号航空母舰为例，其满载排水量仅有 4.25 万吨。

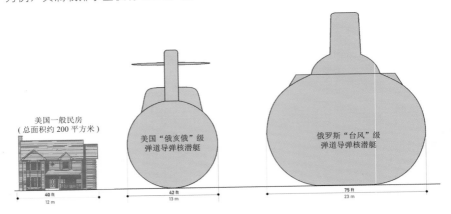

"台风"级弹道导弹核潜艇体积对比

"台风"级潜艇的首艇"德米特里·顿斯科伊"号于 1977 年开工建造，1981 年建成服役，最后一艘于 1989 年服役，共建造了 6 艘。为保证"台风"级潜艇的建造，苏联还专门搭建了一个至今仍是欧洲最大的带顶棚的泊位。

与苏联潜艇给人的惯常印象不同，"台风"级潜艇是少数在设计之初就考虑到舒适度的苏联潜艇。当时著名的红宝石设计局给潜艇内安排了堪称奢华的居住条件，其室内装潢考究，墙上贴着大幅油画，并配有健身房、桑拿房，甚至还有一个小型游泳池。艇上人员一日三餐都少不了鱼子酱、葡萄酒、巧克力和金枪鱼等食品，并且艇上每人都能得到 3 平方米左右的休息室，军官可以住双人间。另外，潜艇内还养有绿植和鹦鹉，装有空调以及专门从日本进口的电视机。

"台风"级弹道导弹核潜艇的指挥台围壳

"台风"级弹道导弹核潜艇停泊在基地中

除了内部设施极其奢华外，"台风"级潜艇还有极强的攻击能力，每一艘"台风"级潜艇都能携带 20 枚射程为 8 000 ～ 10 000 千米的 R-39 弹道导弹，每枚 R-39 弹道导弹能装载 10 枚 10 万吨 TNT 当量的核弹头。因此，每艘"台风"级潜艇的导弹威力都相当于广岛原子弹的 1 000 多倍。"台风"级潜艇的最高航速可以达到 27 节，自持力长达 4 个月以上。在冷战时期，"台风"级潜艇就像是一头随时会暴走的洪荒巨兽。

冷战结束后，"台风"级潜艇二号艇、三号艇、四号艇相继退役并被拆解。截至 2022 年 5 月，仅剩首艇仍在俄罗斯海军部队服役，五号艇和六号艇被封存。

"台风"级弹道导弹核潜艇巨大的舯舵

2021 年 12 月 29 日，"德米特里·顿斯科伊"号迎来服役 40 周年纪念日。考虑到设备老旧等问题，俄罗斯已有将其退役的打算。

霞光下的"台风"级弹道导弹核潜艇

▶▶▶ 核潜艇需要更换燃料吗

在远洋作战中，核潜艇相较于常规潜艇具有无可比拟的优势。常规潜艇的续航能力有限，在水下最多持续作业十几天时间，就要返回基地充电，这样一来，常规潜艇就注定无法航行太远，无法执行跨海域作战或巡逻任务。此外，常规潜艇运行中还要浮出水面换气，每一次上浮都有暴露行踪的可能，但是核潜艇就不一样了，因为使用了小型核反应堆，可以潜伏水下长达一个月甚至几个月，大大增加了续航里程，提高了作战隐蔽性。

当然，核潜艇的核反应堆也是有寿命的。以前，核潜艇核反应堆的核燃料使用寿命为 5 ～ 10 年，正好与核潜艇本身的大修周期相同。由于设计紧凑，核潜艇更换燃料棒非常麻烦，几乎要拆掉一半的耐压艇壳以及大部分核反应堆部件。同时，还要更换冷凝剂和抑制剂。更为麻烦的是需要等待核反应堆冷却，并做好防止核泄漏的措施。

随着核潜艇动力技术的不断改进，军事强国核潜艇核反应堆的使用寿命越来越长。目前，美国最新研制的"哥伦比亚"级弹道导弹核潜艇在 40 年之内都不需要更换堆芯，几乎与潜艇同寿命。而俄罗斯建造的新一代核潜艇也无须重新装载核燃料，潜艇的利用率将大大提高。根据俄罗斯国家原子能集团公司下属企业——阿夫里坎托夫机械制造试验设计局网站上发布的 2017 年公开年度报告显示，俄罗斯首次制成并测试了可供核潜艇整个寿命周期使用，即无须重新装载核燃料的核反应堆堆芯。

美国"哥伦比亚"级弹道导弹核潜艇的艺术想象图

潜艇的四类 AIP 系统孰优孰劣

世界各国研发的 AIP 系统多种多样，在工作原理、构成、性能等方面可谓各有千秋，其中技术上较为成熟的主要有以下四种。

第一，闭式循环柴油机 AIP（CCDAIP）。除了进、排气系统与普通柴油机不同外，闭式循环柴油机 AIP 的工作原理与目前常规动力潜艇所使用的普通柴油机相同。其工作原理是：用潜艇自带的氧气代替空气中的氧气，将废气中的二氧化碳经过冷却和吸收后排到艇外，部分二氧化碳作为工质参加循环工作；同时用氢气取代空气中的氮气，以改善循环气体的燃烧质量。

由于柴油机技术成熟，性能比较可靠，寿命长，所以 CCDAIP 系统所用柴油机的使用寿命要比其他 AIP 系统的主机时间长；CCDAIP 系统所用柴油与普通常规潜艇所用的一样，可广泛采购，不存在后勤供应问题；CCDAIP 系统所用柴油机与普通柴油机一样，可以随时在闭式循环和开式循环两种工况下进行自由转换，潜艇使用的灵活性较强；由于可以使用大量成熟技术，且水上、水下均可使用，所以其耗油率较低，维修费用也相对较低，因此 CCDAIP 系统是 AIP 系统中最经济的一种形式。不过，CCDAIP 系统存在工作效率低、氧气消耗量大、排出的热量多、产生的噪声大、系统输出功率受到限制等问题。

第二，斯特林发动机 AIP（SEAIP）。SEAIP 系统与 CCDAIP 系统大致相同，最主要的不同就是发动机。SEAIP 系统使用的是热气机，而 CCDAIP 系统使用的是闭式循环柴油机。热气机是一种由外部热源加热，并将热能转换为机械能的热机，其循环是一种闭式、采用定容下回热的气体循环，简称斯特林循环。斯特林发动机主要是在水下续航状态下工作，工作时与蓄电池并联，向推进电机、全艇辅机及其他用电设备供电。

采用 SEAIP 系统的瑞典"哥特兰"级潜艇

日本"苍龙"级潜艇采用瑞典授权生产的 SEAIP 系统

　　SEAIP 系统的优点是机械噪声与震动较小。因为斯特林发动机是一种从外部对内部气体工质连续加热使之做功的活塞式往复发动机，燃烧过程中没有柴油机的爆燃现象，燃烧过程平稳，因此发动机的噪声与震动较小，但是有些斯特林发动机的部件依然采用往复式运动机械，所以在装备潜艇时仍要加装双层隔振系统以减小水下噪声。此外，SEAIP 系统的废气排放较为方便，在潜深 200 米内可以自主排放，即使增加潜深也只需要小型压缩机协助，不需要闭式循环柴油机系统的庞大水管理系统。

　　SEAIP 系统的缺点是功率较低，斯特林发动机由于其自身固有的低功率密度的特点，因而决定了整个 AIP 系统的功率密度小于 CCDAIP 系统。如果要加大功率，需要配备几台发动机，势必会影响整个潜艇的布局与使用。此外，SEAIP 系统的燃油消耗量较大，通常要高于普通柴油机。

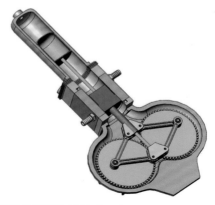

斯特林发动机剖面图（粉红色—高温汽缸壁、深灰色—低温汽缸壁、深绿色—温度隔离壁、浅绿色—配气活塞、深蓝色—活塞、浅蓝色—曲柄和齿轮）

第三，燃料电池AIP（FCAIP）。FCAIP系统是最具竞争力的AIP系统，它是直接将反应物质化学能用电化学方式直接转换为电能的能量供应系统。主要组成部分有燃料电池及其储存设备和转换器、氧化剂及其储存设备和转换器、控制装置。其中燃料电池的主要种类有碱性燃料电池、质子交换膜燃料电池、磷酸燃料电池、熔融碳酸燃料电池、固体氧化物电解燃料电池等，其中最具应用前景的是质子交换膜燃料电池。

FCAIP系统的优点是能量转换效率很高，燃料电池通过电化学方式可直接将化学能转变为电能，省去了热机发电时复杂的转换过程，减少了能量损耗。由于能量转换过程中能量损耗较少，所以相应地散热也少，这就有效地降低了潜艇的热辐射，减小了被敌方红外探测仪器发现的概率。燃料电池系统由于可直接进行能量转换，本身并无机械运动部件，因此工作过程中非常安静，可以使潜艇在航行时获得极佳的隐蔽性。此外系统维护保养、制造加工很方便；过载能力强，可进行短时间的加速航行；燃料电池是由若干个电池单元串、并联而成，可根据潜艇内部布置的需要，灵活选择燃料电池的配置方式等，这些都是其独有的优点。

采用FCAIP系统的德国212型潜艇

FCAIP系统的缺点是燃料危险性非常大，易发生险情，目前的燃料电池只能用纯氢作燃料，纯氢的加工提取工作异常复杂，并且在潜艇狭小空间内，纯氢一旦发生泄漏，浓度超过极限易发生爆炸，危险性很大；工作寿命短、价格较高，目前的质子膜燃料电池的工作寿命只有 5 000 小时，同时其价格也是柴油发电机组的 3 ～ 6 倍。

第四，小型核动力 AIP（SSNAIP）。SSNAIP 系统又可称为自持式船用核反应堆发电装置，目前取得较大成果的国家是加拿大，其研制的 AMPS 型核电混合推进系统即将迈入实用阶段，这种只需经过简单改装就可使常规潜艇变成小型核潜艇的动力系统日益引起了各国海军的注意。

值得注意的是，目前无论哪种 AIP 系统，其输出功率均不能满足常规潜艇水下最大航速航行的需求。只有将 AIP 系统与当前潜艇的柴电动力装置组合在一起构成混合推进装置，它才具备实用价值。

潜艇操纵性试验的内容是什么

潜艇操纵性试验是测定潜艇水上、水下状态操纵性能的实艇试验。目的是检验潜艇的操纵性能是否满足设计要求，并为潜艇使用提供依据。

潜艇操纵性试验包括航向稳定性和机动性试验。航向稳定性试验主要通过回舵试验、螺线试验和逆螺线试验等来考核潜艇保持航向稳定的能力。机动性试验主要通过回转试验、Z 形操纵试验、制动试验、倒航试验等来考核潜艇的机动能力。

德国为新加坡海军建造的 218 型潜艇正在试航

正在试航的美国"海狼"级攻击型核潜艇首艇

潜艇操纵性试验分别在水面、水下水平面和水下垂直面三个工作面进行。水面试验项目有：回转试验、螺线试验和逆螺线试验、回舵试验、Z形操纵试验、制动试验、倒航试验。水下水平面试验项目有：水下回转试验、水下螺线试验和逆螺线试验、水下回旋试验、水下Z形操纵试验、水下制动试验、水下加速性能试验、水下倒航试验。水下垂直面试验项目有：速升率试验、逆速测定试验、超越试验、变深度试验、航向和深度保持试验、空间机动试验等。通常，首艇都应进行全面的操纵性试验，后续艇只进行部分项目的试验。

潜艇如何进行深潜试验

深潜试验是潜艇下潜到设计时预期的最大工作深度和极限深度，检验潜艇设计和建造质量的实艇试验。其主要目的是考核潜艇在相应深度下耐压艇体结构、舷侧附件以及与舷外海水直接相通的系统和设备的强度与密封性，以及机电设备运行的可靠性。对于首艇，必须进行工作深度和极限深度两项试验，批量建造的后续艇，原则上只进行工作深度试验。

深潜试验的一般步骤是：在潜望深度均衡及在一定深度补充均衡后按规定的深度增量分阶段逐步下潜，到达每一规定深度后持续一段时间的稳定航行，稳定航行的时间根据检查、测量的需要而定，其中到达最大工作深度停留时间应不少于10分钟，在达到极限深度或工作深度并全部完成预定项目试验后上浮。

检查、测量内容一般包括：对耐压艇体、耐压舱壁以及与舷外海水扫通的管路的金属波纹管等进行应力测量及变形测量；检验通舷外电气设备的绝缘电阻；检查各装置系统的工作情况；观察承受外压力的机械设备及舷侧阀件的紧密性；实时记录船体结构变形、响声、发生泄漏的位置及情况。

为保证试验顺利进行，防止发生事故，试验艇须经系泊试验和航行试验合格；试验前须做好一切准备工作，包括试验大纲、试验方法和实施计划完备；试验中必须认真操作、加强监测。

英国"前卫"级弹道导弹核潜艇准备下潜

英国"特拉尔加"级攻击型核潜艇在近海航行

美国核潜艇为何不再追求大潜深

　　潜艇下潜深度可分为危险深度、极限深度和工作深度。潜艇在接近水面的深度上航行时容易与水面舰艇发生碰撞，比较危险，这样的深度范围称为危险深度。潜艇能下潜的最大深度称为极限深度。一般来讲，潜艇下潜的深度极限在 300 ～ 600 米，潜艇下潜超过极限深度，其外壳就会被海水压破。在危险深度与极限深度之间的深度上，潜艇可以相对安全地从事各种战备训练任务，常称为工作深度。

　　随着现代对潜探测技术的不断改进和完善，核潜艇被探测到的概率不断增加，除了传统的声呐探测技术日臻完善外，磁探测技术、热探测技术、尾迹探测技术、流体内部扰动探测技术、激光探测技术等也取得了突飞猛进的发展，核潜艇受到的威胁日趋严重。而大潜深技术能有效地应对这些威胁，甚至能有效地规避反潜武器的攻击。

　　因此，当今世界有能力建造核潜艇的国家，都比较重视对核潜艇大潜深技术的研究和应用。俄罗斯是目前世界上在大潜深核潜艇领域技术最为先进的国家。"麦

克"级攻击型核潜艇最大设计下潜深度高达 1 250 米,并在试验中成功下潜到 1 020
米深度,成为名副其实的超大潜深核潜艇。在战略导弹核潜艇方面,俄罗斯第四
代弹道导弹核潜艇"北风之神"级最大下潜深度为 450 米。

"麦克"级攻击型核潜艇在水面航行

"北风之神"级弹道导弹核潜艇侧前方视角

美国海军现役的核潜艇中，"俄亥俄"级弹道导弹核潜艇的最大潜深为400米，而"弗吉尼亚"级攻击型核潜艇的极限下潜深度已减少到传统的300米。美国之所以没有进一步增加攻击型核潜艇的下潜深度，主要原因是随着冷战的结束，特别是"9·11"事件后，美国重点发展具有反恐、特种作战、对陆目标常规打击等多用途的攻击型核潜艇，更强调近海作战，而不是大洋深处捉迷藏式的对抗。

"俄亥俄"级弹道导弹核潜艇侧前方视角

▶▶▶ 潜艇的航行状态有哪些

航行状态是潜艇特有的战术技术性能，它是指潜艇在水面和水下不同深度航行时所处的各种状态。潜艇指挥官必须根据战术需要、海区条件、机械状况等情况，选择适当的航行状态。具体来说，潜艇的航行状态包括以下几种。

第一，水面航行状态。这是指主压载水舱不注水，潜艇浮于水面，可在水面航行，又能随时潜入水下航行的一种状态。潜艇处于水面航行状态时与水面舰艇航行状态基本相同，能在舰桥进行观察和操纵，具有良好的水面稳定性和机动性，主要用于潜艇离、靠码头，进、出基地，水上抛锚和起锚，水上系、离浮筒，通过浅水区、狭窄水道航行以及短距离航渡和战时艇体破损后的航行等。常规动力潜艇为了充电，在海况条件不允许潜艇用通气管航行时，也可采用这种航行状态。

第二，半潜航行状态。这是指大部分主压载水舱注入海水，耐压艇体基本被淹没，部分上层建筑和指挥室围壳刚刚露出水面，可随时潜入水下航行或上浮至水面航行的一种状态，它是潜艇下潜、上浮过程中的中间过渡状态。此时，潜艇吃水较深，储备浮力较小，稳定性较差，适航性能减低，只有在风浪不大时，才允许以此状态进行低速航行。半潜航行状态主要用于：在下潜过程中，检查艇体水密情况，发现并消除纵倾和横倾力矩，保证潜艇潜入水下之后的安全；在上浮过程中，为了节省高压空气，先浮至半潜状态，再利用低压气排除主压载水舱的水，使潜艇浮至水面状态；测定艇位或进行必要的检修等。

第三，水下航行状态。这是潜艇的基本航行状态，按深度又可分为潜望深度航行状态和工作深度航行状态。前者是主压载水舱全部注满海水，消除了储备浮力，艇体淹没，潜艇可在水下使用潜望镜的航行状态。通常潜艇在潜望深度会平衡自身所受到的外力，使浮力差和力矩差接近于零，为潜艇水下航行状态打下良好的基础。潜望深度航行状态，包括潜望镜航行状态和通气管航行状态。

潜望镜航行状态是潜艇处于水下使用潜望镜观察海面、空中情况时的航行状态，主要用于升起和使用各种升降装置（潜望镜、雷达天线、雷达侦察仪天线、无线电天线等），保证潜艇在水下进行观察、测位、导航、通信联络和实施攻击等。在潜望镜航行状态时，由于各类潜艇的升降装置高度有所不同，其潜望镜深度航行状态所处深度也不相同，常规动力潜艇距水面的高度为 7～10 米，核动力潜艇为 9～15 米。潜望镜航行状态的下潜深度较浅，使用的升降装置顶端露出水面，易被从空中、水面用目力和侦察器材发现，隐蔽性较差，并有与水面舰船发生碰撞的危险。航行中必须加强观察，并采取安全隐蔽措施。在大风浪条件下，处于潜望镜航行状态的潜艇受浪涌的影响较大，可能产生不利的纵倾、横倾，因此须防止艇体露出水面，随时做好下潜至工作深度航行状态的准备。

处于潜望镜航行状态的澳大利亚"柯林斯"级柴电潜艇

通气管航行状态是潜艇在潜望深度时升起通气管、使用柴油机作动力所处的航行状态。这是常规动力潜艇的重要航行状态之一，核动力潜艇在必要时也可采用。使用通气管航行状态时，柴油机工作所需的空气，会经过通气管进入舱室内，保障其正常工作，柴油机工作产生的废气，经过排气管排入水中。其优点是：节省电能，增大水下续航力；在水下充电，补充蓄电池电能；为舱室通风，更换新鲜空气；进行充气，为高压气瓶补足高压气。但升起通气管，会增大潜艇水下的阻力，影响航行速度；通气管易被折断或变形，使用柴油机的航速不能过大；通气管露出水面，

易被水面舰船和飞机侦察发现；在风浪较大时，通气管有时会被海浪淹没，影响柴油机正常工作；柴油机工作时，产生的噪声较大，对自身隐蔽性不利，影响己艇进行水声观察，易被敌方发现并遭受攻击。在有敌情威胁的海区，须尽量避免和减少使用这种航行状态。

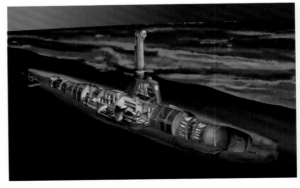

通气管航行状态示意图

工作深度航行状态是潜艇在水下安全深度到最大工作深度范围内所处的航行状态。这是最适合潜艇在水下进行战斗活动的航行状态，在此状态下，潜艇可使用电力推进或使用核动力推进，潜艇的艇体结构、机械、系统和装置均能保证其长时间正常工作，潜艇可在水中实施各种机动。工作深度的上限为安全深度，是潜艇为防止与水面舰船和冰层相碰撞所处的深度。通常防止与水面舰船碰撞的安全深度在30米以下；而防止与冰层碰撞的安全深度，则可根据冰层的厚度决定。当潜艇从大深度上浮时，须先浮至安全深度航行状态，探测水中和海面情况，预防浮起时发生碰撞危险。工作深度的下限为极限深度，耐压艇体有被海水压力压缩、变形，甚至破裂的危险。通常规定潜艇只允许在最大工作深度以上的水层进行活动，极限深度以下的水层是潜艇航行的禁区。潜艇工作深度的大小，根据耐压艇体所承受的海水压力大小而定，耐压艇体钢材质量好，承受海水压力大，工作深度就大。潜艇下潜深度越大，潜艇工作深度航行状态的活动空间范围就越大，对潜艇的机动、作战行动也越有利，并且产生的噪声也越小。

现代潜艇的水下航速比水面航速更快的原因是什么

一般情况下，物体在陆地上的行进速度要比水下快，因为空气的阻力远远小于水的阻力。然而，现代化潜艇却正好相反，在水下航行的速度往往比在水面航行的速度更快。

潜艇在水面航行时影响航速的阻力一般有摩擦阻力、漩涡阻力、兴波阻力、附体阻力和空气阻力。这几种阻力随着航速的增加而变大。不过，潜艇在水下航行时，空气阻力就不存在了。由波浪造成的兴波阻力也会随着潜艇下潜深度的增加而减小，水面巨浪滔天时，水下可能风平浪静。如此一来，影响潜艇水下航速的阻力就只剩下摩擦阻力、漩涡阻力和附体阻力。

如果潜艇都是以同样的低速航行，其在水面所受到的阻力要小于水下受到的阻力，航行速度以水面为快。这是因为潜艇低速在水面航行时，其兴波阻力和空气阻力都相当小，所面对的只是摩擦阻力、附体阻力和漩涡阻力；而潜艇在水下低速航行时的主要航行阻力虽然也是这几种阻力，但因潜艇在水下状态时浸水表面积大大增加，会使摩擦阻力较水面增大许多，同时由于潜艇在水下时一些附体（如指挥台）入水后会加大附体阻力，所以潜艇水下低速航行时的阻力要大于水面低速航行时的阻力，也就是说，低速水下航行比低速水面航行要消耗更大的功率，其航行速度自然低于在水面航行的速度。

英国"机敏"级攻击型核潜艇在水面航行

美国"海狼"级攻击型核潜艇在水面航行

　　不过，潜艇在高速航行时，会出现完全不同的状态。随着航速的增加，潜艇在水面上的空气阻力和兴波阻力将大大增加，使其总阻力值大于在水下高速航行的总阻力值。据计算，当潜艇的速度达到一定值时，水面阻力甚至是水下阻力的两倍，其结果也就可想而知了。

　　对于核潜艇来说，不管是水面航行还是水下航行都采用同一动力装置，在同样的额定功率条件下，在水面和水下就会产生不同的最大航速值。此外，由于核潜艇的主要活动是在水下，因此在动力装置的设计上主要考虑的也是尽量减少水下的阻力，以适应在水下航行的特点，所以核潜艇的水下航速高于水面航速。至于常规潜艇，在水下航行和水面航行时往往会采用两种不同的动力装置，水下航行时采用的动力装置通常功率更大，所以航速也更快。

　　潜艇的航行速度与艇体形状密切相关。现代化潜艇大多采用水滴形艇体，在水下航行时受到的阻力并没有想象中那么大。而当潜艇在水面航行时，不仅有空气阻力还有水的阻力，并且现代化潜艇大多是圆头的，在水面受到的摩擦阻力也非常大。事实上，二战时期的潜艇在水面航行的速度往往比水下更快，因为当时的潜艇大多采用艇艏尖削的船形设计，兴波阻力较小，加上艇体构造和动力装置等方面的限制，故而在水面的时候更容易航行。

潜艇水下航行的艺术想象图

▶▶▶ 潜艇水下航速是否越快越好

潜艇作为一种以水下隐蔽航行为主的武器装备，水下航速的快慢对其很重要，过慢的水下航速，会影响其水下的隐蔽机动能力。例如二战时期的潜艇水下航速较慢，根本无力追击水面舰艇甚至是商船，只能采用隐蔽伏击战术，纳粹德国海军采用的"狼群"战术也可以看作在预定区域内部署更多的潜艇实施伏击，以此提高战果。

潜艇水下航速大幅提高，对于潜艇隐蔽攻击能力的提升至关重要，但是过高的水下航速也会带来风险和负担。两栖攻击舰没有高航速要求，其中一个原因就是近海浅滩暗礁太多，高航速反而会加大触礁风险。对于潜艇来说也是一样，在视野不良的水下高速航行，其风险不言而喻。此外，高航速对于潜艇的艇体建造有很高的要求，例如要采用昂贵的钛合金材料等，这些因素都会增加潜艇的造价，使其性价比较低。

冷战时期，苏联潜艇也曾追求高航速。1958 年开始服役的苏联第一代攻击型核潜艇"十一月"级的水下最高航速就达到了 31 节。1968 年下水的"帕帕"级巡航导弹核潜艇，其水下最高航速达到了惊人的 44.7 节。要知道，以高航速著称的美国"独立"级濒海战斗舰，最高航速也就 44 节，这一航速还是凭借三体船型吃水浅的优势做到的，而"帕帕"级潜艇的高航速是在阻力更大的水下完成的。

苏联核潜艇的水下航速较快，与其潜艇的使用思维有关。美国海军的战术通常是围绕强大的航空母舰来展开，而苏联核潜艇的一个重要任务就是"打航空母舰"，

"帕帕"级巡航导弹核潜艇快速转弯

所以需要更快的水下航速对美国航空母舰发起突袭。时至今日，各国海军的攻击型核潜艇一般不再有那样的高航速需求，只要跟得上航空母舰编队的快速机动、具有较强的水下机动能力就可以了。

俄罗斯海军"亚森"级攻击型核潜艇在水面航行

潜艇的水下停泊状态有哪些

　　水下停泊状态是指潜艇停泊于一定深度的海水中或海底时所处的状态，主要包括潜坐海底、水下锚泊和水下悬浮三种。

　　潜坐海底是潜艇潜坐于海底的停泊状态，主要用于艇员休息、隐蔽待机、节省能源、排除故障或从事其他必要的活动。潜艇可在工作深度范围内潜坐于固体海底和液体海底上，但不允许在最大工作深度以下潜坐。

　　潜坐固体海底时，可选择海底平坦、流速较小、没有沉船和危险物的海区，底质以粗砂、泥沙、贝壳底为宜，避免在黏泥、烂泥、岩石底上潜坐，以防艇体及艇舷装置被粘住、陷住或损坏。潜坐固体海底的特点是停泊稳定性好，不易因海流发生移位；利于艇员恢复精力和排除故障。但潜坐时操纵比较复杂，潜坐后潜艇的机动性受到一定限制，长时期潜坐时，要经常注意潜坐状态的变化，防止陷入海底和艇位移动。

潜坐液体海底，是利用海水密度急剧增大的水层对潜艇产生的正浮力使之停泊于水中。潜坐时，须了解液体海底的密度、厚度、范围等情况，选择液体海底海水密度跃变的水层。潜坐液体海底的特点是其操纵比较简单，潜坐后能随时进行机动，利于隐蔽待机。但液体海底不稳定，潜艇会随海流漂移，海水密度可能会发生变化，停泊的可靠性比较差，须经常观察潜坐状态的变化情况。

水下锚泊是潜艇利用锚和锚链系泊于水下的状态，主要用于在待机活动时节省电能，机械故障时进行修复，以及使艇员获得休息等。水下锚泊的特点是：依靠锚和放出锚链的重量固定于海底，使潜艇停泊在海水中，并调整浮力使潜艇稳定在某一深度上。水下锚泊深度须在工作深度的范围内，不允许停泊在最大工作深度以下。锚位选择在海底平坦、底质良好、流速较小和宽阔的海区。

水下锚泊时，潜艇易受海流影响而产生漂移，易受浮力变化影响而产生深度变化，须及时进行水量微调；水下锚泊稳定性较差，须随时观察潜艇锚泊状态的变化，并及时采取措施，以保证锚泊的安全。水下锚泊操纵比较复杂，其可靠性和机动性较差，一般在无法潜坐固体海底、又无液体海底可停泊时采用。

美国海军特种兵接近水下悬浮的"弗吉尼亚"级攻击型核潜艇

水下悬浮是潜艇保持在一定深度海水中停泊的状态。此时浮力为零，潜艇既不上浮、又不下潜，处于水中某一深度上。目的是隐蔽行动，便于侦听，节省电能，实施水下待机。水下悬浮停泊，受水文条件的影响很大，保持一定深度悬浮比较困难，必须利用浮力调整水舱，进行水量微调。有的潜艇在与潜艇重心相一致的位置上设有专门的悬浮水舱或悬浮系统，通过注、排水的方法，实现水量微调，以达到浮力等于零，使潜艇保持在一定深度的海水中悬浮停泊。

潜艇水下悬浮的艺术想象图

潜艇能否倒退航行

从潜艇发展到现在，所有设计都是为正向航行而优化的。例如水滴形、雪茄形、鲸形等潜艇外形，这些艇形前后不对称，主压载水舱、纵倾均衡水舱位置不同，重心也在不断变化之中，已经不太适合倒退航行。尤其是单桨水滴尖尾形潜艇，如俄罗斯"阿尔法"级潜艇更不适合倒航。

潜艇的艇艏水平舵负责调整深度，艇艉方向舵负责航向，各舵面力矩正向行驶时匹配良好。但潜艇方向舵与水面舰艇不太一样，水面舰艇方向舵在螺旋桨后面，能利用螺旋桨产生的高速水流提高舵面效应，而大部分现代潜艇的十字形和 X 形艉舵安装在螺旋桨前面的艇身上。

当潜艇螺旋桨倒转时，高速水流让方向舵变得更加灵敏，操舵人员需很小心地转动方向盘，才能保持方向稳定。同时潜艇从正向行驶到速度为零，再到后退，整个艇身会经历一个水动力大幅变化的过程，其操纵性和稳定性大幅下降，很容易出现艇艉抬首、埋首等现象，深度也不好控制，一不小心就会失控陷入危险。1981年，美国"核潜艇之父"海曼·乔治·里科弗上将，就因为"洛杉矶"级攻击型核潜艇"拉霍亚"号在试航期间的一次倒车事故而被迫退休。

曾发生倒车事故的"拉霍亚"号攻击型核潜艇

虽然潜艇倒车非常危险，但在生死攸关的战场上，倒车也可以作为一种诱敌战术使用。螺旋桨倒转时产生的空泡现象非常明显，会产生极大的噪声，且与正常的声纹特征明显不同。有些艇长会利用这种噪声迷惑敌方水面舰艇的声呐操作员，使其形成思维惯性，然后潜艇突然由倒车转入正向航行，便能摆脱敌人声呐追踪，抢占有利阵位或消失得无影无踪。当然，这是一种非常惊险的战术，只能在特殊情况下使用。

正常情况下，潜艇在水下很少倒车，除了操纵性会变差之外，还有一个重要原因就是现代潜艇普遍装备了拖拽线列阵声呐和拖拽天线等设备。这些设备长长的线缆在潜艇艉部依靠速度展开，若潜艇倒车，这些线缆就会缠绕到螺旋桨上，从而造成严重事故。另外，越来越多的潜艇装备了泵喷推进系统。这种系统在传统螺旋桨外增加了一个环形导管，能屏蔽螺旋桨噪声，提高推进效率。但又长又大的导管也大大限制了水流速度和方向，使潜艇低速航行和倒车效率比传统螺旋桨更低。

　　总之，潜艇具备倒退航行的能力，在靠港停泊、狭窄水道、遇到障碍物及某些特殊作战环境下会使用，但一般情况下不会使用。

英国"特拉法尔加"级攻击型核潜艇在水面航行

潜艇真的会像电影中那样大仰角上浮吗

　　在海战题材的电影中，常常出现潜艇大角度上浮出水的镜头，视觉效果颇为震撼。实际操作时，潜艇真的会这样上浮吗？

　　潜艇如鲸鱼一般突然从水中跃出，极具观赏性。这种上浮方式，通常被称为大仰角上浮。不过，潜艇一般不会采用这种上浮方式，因为这种上浮方式具有极大的危险性。正常情况下，潜艇是一边排出艇内的海水一边慢慢上升。除非潜艇出现问题，例如发生故障、碰撞，或者遭遇鱼雷攻击等突发情况，才会紧急上浮。潜艇大仰角上浮时，将面临以下挑战。

　　首先，潜艇紧急上浮的时候，艇内的海水想要在短时间内排出，就需要压载水舱迅速吸入空气，这对潜艇的平衡是一个非常大的考验，一般都要由经验丰富的艇员进行操作。

其次，紧急上浮对潜艇安装的很多设备都有影响，尤其是对那些相当于悬臂梁的设备。例如一些较大的设备在艇内是水平安装的，底部用螺钉固定，上部不固定。如果潜艇出现几十度大仰角姿态，这些设备的底座固定连接处就很容易被损坏。此外，潜艇有些设备对系统用水的液面高度设定很严格，当潜艇出现仰角时，液面高度变化，就有可能提供错误信号。

再次，潜艇仰角过大时，艇内很多未固定物品会被甩得到处都是。因此潜艇大仰角上浮时一定要通知所有艇员，以防摔伤。

最后，在执行紧急上浮时，如果对海面情况未进行认真探查，极有可能在上浮过程中撞上水面舰艇。2001年2月9日，美国海军"洛杉矶"级攻击型核潜艇"格林维尔"号就在上浮过程中与日本"爱媛丸"号渔船相撞，造成9人死亡。

一般情况下，潜艇上浮时会非常小心。先要开启声呐，探测潜艇附近的水面状况，确保水面具备上浮的条件；到距离水面15米左右时，再升起潜望镜观察水面四周的情况。如果上浮前确定了海面没有危险，也可以形成一定艉倾，利用艇速迅速上浮，这样可以借助艇身的惯性上浮，节省一些高压空气。因为高压空气在潜艇上的使用是有严格限制的，它是潜艇生命力的重要保障。

美国"洛杉矶"级攻击型核潜艇大仰角上浮

日本"亲潮"级柴电潜艇大仰角上浮

潜艇如何降低自身噪声

　　潜艇噪声主要来自机械噪声、螺旋桨噪声和水动力噪声。这些噪声在潜艇的不同航速条件下，对潜艇的辐射总噪声有不同的影响。潜艇在电力推进工况条件下，低速时噪声主要来自机械噪声，而中高速时螺旋桨噪声是主要噪声源。

　　机械噪声是由于潜艇内主、辅机和轴系的运转以及与其相连的基座、管路和艇体结构的震动而引起的。这种震动辐射到舱室引起舱室空气噪声，再辐射到水中，构成潜艇的辐射噪声、自噪声。对于机械噪声，一般可采取两种方式进行降噪处理。一方面，通过各设备的合理设计，减少各设备的震动，即对噪声源的降噪处理，如采取措施降低柴油机的噪声等；另一方面，在传播途径上隔离和吸收噪声，从而使噪声向外辐射的能量尽量减少。由于噪声源是不可能消除的，因此如何在噪声传播途径上采取有效措施来抑制噪声的传播已成为降噪的重要课题。

目前，降低机械噪声的手段主要有两种，即隔振和阻尼。隔振是降低艇上机电设备通过基座传递结构噪声的主要手段。对于主机设备，一般可采用双层隔振技术，即两层隔振的弹性材料间夹用中间物质，利用弹性元件的阻尼性能和中间物质的设计来抑制和衰减波的传播，可以获得较好的效果。对于辅机设备，例如泵、电机、风机等，西方国家广泛采用了"浮筏隔振降噪技术"，即把多个不同的机械、设备紧凑地安装在一个共同的筏体或筏架上，柔性地支撑或悬挂在艇体结构上。

阻尼是在设备基座和艇体外部敷设吸声、阻尼材料，特别是在艇体外表面敷设消声瓦。消声瓦的主要特点是可以吸收敌方主动声呐发射的探测声波，而且可以抑制艇壳震动，隔离艇内噪声向外辐射，因此敷设消声瓦可以大大提高潜艇的隐蔽性，改善己方声呐的工作环境，提高其作用距离。

编队航行的荷兰"海象"级柴电潜艇

螺旋桨噪声一般是潜艇中高速航行时的主要噪声源，即使在较低速度航行时，螺旋桨噪声也不容忽视。与机械噪声不同，螺旋桨噪声产生在艇体外面，是由螺旋桨转动所引起的，即主要是由螺旋桨叶片震动和螺旋桨空泡产生的。众所周知，潜艇的尾部是有伴流场存在的，而且伴流场在周向是不均匀的，这样螺旋桨叶片在不均匀伴流场中工作就会产生非定常的推力和转矩，引起螺旋桨叶、轴系的振动。

　　螺旋桨的空泡噪声是潜艇辐射噪声高频部分的主要成分。空泡的产生除了与潜艇的下潜深度及螺旋桨转速有关外，还与尾部螺旋桨区域的伴流场是否均匀有关。

　　基于上述原因，降低螺旋桨噪声的有效方法之一是采用七叶大侧斜螺旋桨，这在西方国家的潜艇中已经普遍采用。虽然七叶大侧斜螺旋桨比传统的五叶桨在效率上有所降低，但由于它的大侧斜特性，使叶片的叶根和叶梢不会同时到达伴流场的高压区或低压区，即不会造成整个桨处在高压—低压—高压的循环状态，因此有效地抑制了螺旋桨的振动，从而降低了螺旋桨的噪声；又因为它比五叶桨的叶数要多，使其承受推力的叶片面积增大，导致每一叶上的推力减少，从而延迟了空泡的产生，达到降低噪声的目的。

　　水动力噪声是由不规则或起伏的水流流过运动着的潜艇产生的。当不规则的水流流过艇体时，与之有关的压力起伏，可以作为声波直接辐射出去。更为重要的是不规则或起伏的水流还可能激起艇体上某些空腔、板和附体的共振，从而辐射声波，这是重要的水动力噪声源。一般情况下，水动力噪声产生的辐射噪声并不重要，它往往被机械噪声和螺旋桨噪声所掩盖。但在特殊情况下，如在结构部件、空腔等处出现共振时，其噪声就会显著增大。为此，一般要尽量减少突出体、舷外孔和舱口的数量。

潜艇在水下航行的艺术想象图

>>>> 弹道导弹核潜艇声呐系统可以监听多远

美国海军现役弹道导弹核潜艇为"俄亥俄"级，有消息称其声呐系统的探测距离可达 300 ～ 400 千米，并可在 130 ～ 160 千米距离辨别目标舰型。对此，很多人都持怀疑态度，毕竟这些数据非常惊人。

事实上，潜艇声呐对目标的探测距离是有具体条件的，并非定值。例如同级战舰在不同航速、不同海域所发出的噪声都不一样，潜艇在不同航速、不同海域、不同深度所发出的噪声也不一样，所以潜艇声呐对舰艇的探测距离有远有近。一般来说，声呐对于高噪声舰艇的探测距离明显大于对低噪声舰艇的探测距离，被动声呐的探测距离要大于主动声呐。

美国海军在 20 世纪 60 至 70 年代装备的弹道导弹核潜艇有三代，即第一代"华盛顿"级、第二代"伊桑·艾伦"级、第三代"拉斐特"级，它们都装有 AN/BQS-4 主动探测声呐、AN/BQR-2B 被动探测声呐以及用于远程警戒和搜索跟踪的AN/BQR-7 被动声呐。

"拉斐特"级弹道导弹核潜艇

"伊桑·艾伦"级弹道导弹核潜艇

就探测距离来说，AN/BQR-7被动声呐的探测距离最远。它由排成3列的156个水听器基元组成，在艇艏排成半圆形，并向两舷延伸15.24米，水下最大探测距离为100海里（约185千米）。这已经是理想状态下的探测距离，也就是潜艇在低速航行时，对敌方高速舰艇的最大探测距离。"俄亥俄"级潜艇的声呐系统虽然有所改进，但也很难达到300～400千米的探测距离。即便是如今侧重静音性能的潜艇，在低速航行时采用最先进的被动拖曳线列阵探测声呐，对舰艇也难以达到如此惊人的探测距离。300～400千米的探测距离可能只是偶然状态下的数据，属于美国海军的夸大宣传，主要目的是对敌人进行心理威慑。

此外，在远距离探测时，潜艇声呐的精度很低，只能用来警戒。虽然AN/BQS-4主动探测声呐的精度要高一些，但其最大探测距离不到20千米。AN/BQR-2B被动探测声呐的最大探测距离为数十千米。所以，"俄亥俄"级潜艇的声呐系统在130～160千米辨别舰型也是无法做到的，这同样是夸大宣传。

"俄亥俄"级弹道导弹核潜艇的艇员在指挥台围壳上观察海况

"俄亥俄"级弹道导弹核潜艇在地中海航行

现代潜艇如何提高居住性

　　居住性是现代潜艇的重要性能之一，是保障潜艇指挥员和水兵具备正常作战能力所需的良好生活条件和环境条件的统称。生活条件包括生活舱室的设置、医疗条件保障、饮食贮藏和供应等。环境条件指噪声、振动、舱室灯光、色彩、温湿度等。在设计时，生活条件和环境条件应作为整体统筹兼顾，在不影响潜艇主要战术技术性能的条件下，应尽力改善潜艇居住性。提高潜艇的自动化程度、减少艇员、增加人均生活空间是改善潜艇居住性的重要措施。

　　各国潜艇部队的作战经验表明，潜艇兵如果长时间在水下生活，体质会明显下降，出现食欲缺乏、头晕、失眠、记忆力减退、腰腿疼痛、皮肤溃疡、血压降低等症状。尤其是核潜艇进行极限长航归来时，许多潜艇兵甚至是用担架抬出来的。

　　在水下，饮食、饮水和睡眠是维持潜艇兵生命必不可少的三个要素。经过多年探索，各国海军的远航食品在品种、口感和贮存时间上，都得到了极大的改善。潜艇食品分为主食类、荤菜类、素菜类、干菜类、水果类、饮糖类等六大类，共有数百个品种。

　　潜艇的淡水可以通过储水箱、海水净化和反复利用来供应。常规潜艇在长时间潜航的时候会限制生活淡水，潜艇兵每天只能有一小盆水洗漱。只有核潜艇不限制生活淡水，可以随便使用，主要原因是核潜艇动力充沛，有大型制氧和制淡水设备。对于吨位和动力都很充足的核潜艇来说，氧气和用水是没有问题的，很多核潜艇甚至在每个舱室都安装了自来水管。

　　潜艇兵在潜艇上睡觉也很辛苦，一般人根本承受不了。由于空间狭小，潜艇的铺位设置都是见缝插针，除了专门的居住舱，其他作战舱室也设有铺位，其中鱼雷舱是相对较好的舱室，因为鱼雷舱比较凉爽，远离动力舱，噪声和振动都很小，潜艇兵能安静地睡觉。潜艇的铺位都很狭窄，通常为三层铺或四层铺，铺位之间的高度也很有限，根本不能坐起来。很多潜艇甚至使用"热铺"，即一个铺位由两名潜艇兵共享或者三名潜艇兵共用两个铺位，因此总有一名潜艇兵在值更，另一名潜艇兵在睡觉，依次循环使用。所以潜艇的铺位数量实际上比潜艇兵人数要少一些，例如拥有 50 名潜艇兵的常规潜艇只有 30 个铺位。

　　在居住环境上，现代潜艇比老式潜艇好了很多，有了一定的个人空间，但与水面舰艇还是无法相比。例如俄罗斯"台风"级弹道导弹核潜艇的潜航排水量高达 4.6

万吨,所以潜艇内部的生活空间比较宽敞,有健身房、桑拿房,甚至还有一个小型游泳池。然而,与航空母舰、巡洋舰等水面舰艇相比,还是逊色不少。

现代潜艇会在有限的空间内尽量安置娱乐设施,以减轻潜艇兵的生理和心理压力。有的潜艇会为舱室涂上不同的颜色,帮助潜艇兵克服幽闭恐惧症。

英国"勇士"级攻击型核潜艇的床位

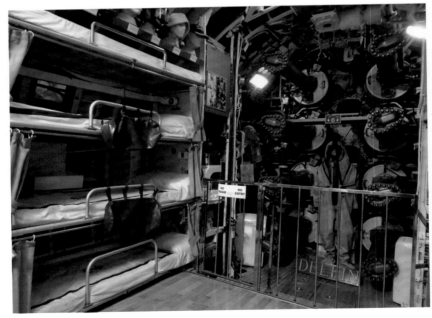

法国"桂树神"级柴电潜艇的床位

美国"俄亥俄"级弹道导弹核潜艇的艇员正在检修制冷设备

潜艇如何满足淡水需求

　　潜艇使用的淡水主要有两种来源，一是提前携带，二是海水淡化。提前携带的淡水是潜艇主要的淡水来源，潜艇会使用专门的淡水水箱或艇内储水设备储存一定的淡水以供消耗。这些淡水有极为严格的容积限制，所以艇内官兵需要节约使用。一般潜艇所携带的淡水为 10 天的用量，其中电池用蒸馏水占了相当大的比例，这些水非常纯净，但并不是给人喝的，潜艇官兵饮用的淡水质量也十分差，有时候还要混着海水饮用。

　　早期很多潜艇没有海水淡化装置，缺水又无法尽快返回基地的时候艇员只能硬撑。好在常规潜艇本就没有多长的潜航能力，艇员可以在夜间上浮的时候采集浮冰、雨水，或者在指挥台围壳内使用小蒸馏釜加工淡水（给电池用）。由于水下与水上温度变化差异较大，有时候潜艇舱壁上还会凝结出大量水珠，艇员可以用抹布将其收集起来，拧到一个容器里备用。

　　此外，苏联海军还发明了一种方法——采集冷水地带的深层冰水，这些水含盐量低，混着淡水饮用可解燃眉之急。据说这种做法源自二战波罗的海地区残酷的潜艇战，苏德双方都懂得如何在波罗的海获取低盐水，波罗的海有的地方海水含盐量只有 1%，而正常海水含盐量达到 3% 以上。这种做法甚至影响了苏联海军的传统，他们会在新艇员加入时，故意让其饮用舱外采来的水，以证明其"吃得住咸味"，耐得住苦日子。

俄罗斯海军"北风之神"级弹道导弹核潜艇在北冰洋活动

　　与苏联和德国相比，美国潜艇兵的水下生活舒服得多。美国潜艇安装了专门的"潜艇海水蒸馏器"，这种技术在 1916 年就已经出现在美国潜艇上。美国潜艇最初使用的是一种名为"尼尔斯科·克拉克森排气蒸馏器"的装置，其工作原理是：将柴油机的废气集中供给加热器，将海水煮沸，然后再使用冷凝管进行蒸馏水凝结并将其收集。这种装置存在很大的缺陷，它的效率取决于柴油机的工作情况，然而潜艇柴油机不可能随时大功率启动，也不可能在下潜的时候使用，所以它只能在上浮航行和充电时使用。由于它与柴油机相连，因此净化出的淡水有一股浓浓的柴油味。

　　后来，美国潜艇采用"克兰施米特 S 型蒸馏器"取代了"尼尔斯科·克拉克森排气蒸馏器"，这是一种电动蒸汽压缩蒸馏装置，在 1940 年的实验中，该装置每天能为潜艇提供 750 加仑淡水。S 型蒸馏器由 8 个主要元件组成：隔热层、壳体、热交换器、蒸汽分离器、超低热交换器、压缩机、电机和变桨驱动器。1943 年在通用电气公司的帮助下，又出现了 X 型蒸馏器，将蒸馏水能力提升到了 1000 加仑／天。这些压缩机式的蒸馏装置与冷凝概念有些区别，它们更像空调和冰箱。利用压缩机给海水加压，这样它的沸点就会改变，不需要到达 100℃ 就能沸腾。

　　据统计，当时美国海军一艘潜艇一周的战斗巡逻中，日均耗水达 500 加仑，而主蓄电池组周均耗水也是 500 加仑。除了电池外，还有饮用、洗涤、烹饪和发动机补水，每周耗水至少 4 000 加仑。在潜航任务中，如果淡水储量下降到 50% 以下，则开始进入缩紧状态。

现代潜艇的淡化制造技术已经大幅改进，美国的核潜艇均配备了海水淡化装置，采用电加热的方式获取淡水，比传统方式更高效也更安静。不过，这种装置非常耗电，美国海军内部有"一吨水一吨油"的说法。也就是说，淡化一吨海水的价格，可以用来采购一吨油；或者说淡化一吨海水，需要消耗一吨油。这种说法未免有些夸张，但潜艇海水淡化的成本极高却是不争的事实。

海水的淡化技术，是海军强国尤其是拥有核潜艇国家的科研人员，一直都在努力攻克的方向。如果可以实现海水淡化的难度和成本的"双降"，延长潜艇在水下执行任务的时间，让艇员获得更多的生活饮用水，就能有效提高潜艇的综合作战能力。

美国海军"俄亥俄"级弹道导弹核潜艇在迪戈加西亚基地补给物资

🔔 **小知识:**

　　加仑是一种容（体）积单位，英文全称 gallon，简写 gal。加仑又分为英制加仑和美制加仑，两者表示的大小不一样。英制加仑是一种使用于英国和英联邦国家的非正式标准化的单位，英国已于 1995 年完成国际单位制的转换。从官方而言，目前加仑只应用于美国、利比里亚和缅甸，而其他国家或地区则使用国际单位制。根据中国国家标准，1 加仑（美制）等于 3.785 升。

英国海军"前卫"级弹道导弹核潜艇返回基地

潜艇如何解决艇员排泄问题

潜艇经常进行水下作业，考虑到隐蔽性还要长期潜伏在水下。那么，艇员日常生活的排泄物怎么解决？

按理说，潜艇的粪便排污系统设置一个能够满足需要的粪便收集舱，等到上浮到水面的时候再统一排出不就行了吗？话虽如此，但在实际作业中，潜艇出于隐蔽性考虑，自然是越少露出水面越好，所以这个方案还是不足以应对所有可能发生的情况。例如潜艇水下潜伏时间延长，艇内少则几十人多则数百人的排泄问题将十分严峻。而且潜艇内部空间寸土寸金，设置粪便收集舱并不容易。所以只能考虑在水下就将粪便排出。这样一来，新的问题又出现了，那就是压力差。

压力差不仅会增加粪便排泄系统的设计难度，同时对使用者的要求也很高。早期潜艇的厕所空间非常狭小，而且数量也非常少，在使用高峰期，很有可能出现排队的情况。潜艇厕所的使用流程也很复杂，单是阀门就要开关七八个，一不留神还会被排泄物溅一身。更严重的是，操作失误还有可能影响潜艇自身的安全。二战时期，德国 U-1206 号潜艇就因为艇员上厕所时操作失误，导致海水夹杂着排泄物瞬间回灌到了潜艇内部，更要命的是，马桶正下方就是潜艇的电池，涌进来的污水正好将电池损毁，产生了大量有毒的氯气。艇长被迫下令让潜艇上浮，但刚浮出水面就被英军俘虏了。最终 U-1206 号潜艇有 4 名艇员溺水而亡，剩下 46 人全部被俘虏。

时至今日，潜艇的粪便排污系统已经大幅改进，在潜艇上厕所的难度大大降低。现代潜艇的厕所由止回舌阀、带舌阀传动装置的大便器、舷侧排污阀、储容器、水箱和管路组成。止回舌阀位于大便器的排出口处，平常都是关闭状态，只有使用过后踩踏专门的装置才会打开，继而自动关闭。储容器的出口通过管路与舷侧排污阀相连，这里的止回舌阀可以防止在压缩空气排出粪便时出现储容器内的粪便倒灌状况。舷侧排污阀除了具有基础的阀盘阀座外，还有一个自重式止回阀，只在排污时打开。储容器的进口则与大便器相连，储容器的容量约有200升。艇员上完厕所后，粪便被水箱里的水冲入储容器中并短暂保存，等到吹除管路上的压力表显示储容器内的压力比舱外海水压力高时，才会进行排放。这些装置设计都很好地避免了在压力差下出现粪便倒灌的情况。

英国"安菲翁"级柴电潜艇（1947 年开始服役）的厕所

苏联"探戈"级柴电潜艇（1972 年开始服役）的厕所

美国"弗吉尼亚"级攻击型核潜艇（2004 年开始服役）的卫生间

Part 05
实战篇

按作战任务，潜艇战术分为潜艇对水面舰艇攻击战术、潜艇对潜艇攻击战术和潜艇对陆上目标攻击战术，以及侦察、巡逻、护航、运输、布雷、遣送特种人员上陆等战斗勤务战术等。潜艇战术运用的基本特点是：保持水下行动隐蔽；以进攻为主，攻防结合；单艇或小群活动等。潜艇战术随着潜艇及其武器装备战术技术性能的提高，其作战样式和方法将更趋多样化。

▶▶▶ 潜艇战的基本要求和方法是什么

潜艇战始于一战时期，主要是为了破坏敌方海上交通运输和袭击敌方舰船。潜艇战的任务，通常根据海战场的形势、参战潜艇的数量和性能确定。常规动力鱼雷潜艇主要担任袭击敌方海上运输舰船和水面战斗舰艇的任务；常规动力和核动力巡航导弹潜艇的主要任务是突袭敌方大中型战斗舰艇编队；携有地形匹配制导巡航导弹的潜艇，还可担任袭击陆上目标的任务；弹道导弹潜艇是战略核力量的重要组成部分，其任务是实施战略核突击或核反击，袭击敌方陆上重要目标；核动力鱼雷潜艇主要担负袭击敌方大中型水面舰船的任务；各种攻击潜艇均可担任反潜作战任务。

潜艇战的基本要求：①根据任务、敌情和海区地理条件，针对性地部署潜艇兵力。②以单艇、战术群进行兵力编组。③根据海战场情况变化，适时组织潜艇兵力的集中、分散和转移。④采取各种措施，保持潜艇行动的隐蔽性。⑤预先将潜艇展开在预定的作战海区。⑥实行岸上统一指挥，及时向潜艇通报情况，组织可靠的引导保障。⑦有计划地使用潜艇兵力，合理安排潜艇兵力的海上待机、航渡、换班、基地检修和人员休整等。

美国"洛杉矶"级攻击型核潜艇（下）和澳大利亚"柯林斯"级柴电潜艇（上）

潜艇战的基本方法有阵地伏击、区域游猎、引导截击和战斗巡逻等。随着潜艇的定位、水下通信、观察、识别技术和装备的发展，潜射导弹精度与陆基导弹精度的差距将进一步缩小，核动力导弹潜艇将能从各大洋打击陆上任何地点的目标。单艇和潜艇战术群对阵地的要求日益简化，攻击、机动将更加主动灵活；水下潜艇之间、潜艇兵力与海军其他兵力之间的协同作战将更加频繁；潜艇战的规模将进一步扩大；潜艇战的样式、原则和方法都将产生新的变化，并将不断发展。

挪威海军"乌拉"级柴电潜艇

＞＞＞ 猖狂一时的狼群战术为何失败

　　二战时期德国海军将领邓尼茨之所以被称为"狼头"，就是因为他首创了海战的"狼群战术"，使德国海军在二战初期猖狂一时。"狼群战术"与古德里安的"闪电战"并称为德国军队的海陆两大"法宝"。

　　"狼群战术"的实质是集中弱小舰艇的力量来摧毁大型舰队，行动中一般要派出数艘潜艇在海上进行巡逻和侦察，只要有一艘潜艇发现了盟军的护航舰队，就会发出无线电信号，将距离较近的潜艇全部召集起来，在夜间对敌人发动奇袭。通常的做法是，当发现目标后，各潜艇便从敌方护卫舰队的间隙或侧翼隐蔽地穿插过去，躲过其火力打击屏障，并向目标靠近。白天，各潜艇在四面八方占据有利攻击阵位，隐蔽在水下，夜间突然升出水面，同时向目标发射鱼雷。"狼群战术"因此而得名。

二战时期德国 IX 型潜艇模型

德国占领法国后，将法国的西海岸和比斯开湾的各港口改造成德国的潜艇基地。开足马力的德国潜艇生产线也已经生产出一批新型潜艇交付部队使用。"狼群战术"此时步入了最辉煌时期。德国也因此诞生了以单艇攻击作战为代表的普里恩、舍普克和奇默尔三位"王牌艇长","狼群战术"一时间所向披靡。德国潜艇最高攻击纪录是在两天内击沉同盟国 38 艘商船。在 1942 年一年内,德国潜艇共击沉盟军船只 471 艘,总吨位近 220 万吨。其中,英国的损失最大。1942 年,德国"狼群"达到了击沉同盟国商船的最高峰。全年共击沉商船 1160 艘,总吨位达 630 万吨,而自己的损失率却不到 7%。英国首相丘吉尔不得不承认:"邓尼茨的'狼群'是唯一使我感到害怕的部队。"

　　面对"狼群"的横行肆虐,盟军也有针对性地作了反击。1943 年 1 月,盟国政府首脑与盟军参谋长联席会议成员决定:首先盟军要改进雷达,防止德军潜艇截听信号。其次要增加航空母舰护航,用舰载飞机保证运输船队的安全。最后是运用新技术和新战术。4 月 28 日,邓尼茨派出的 3 支"狼群"准备攻击英国的"ONS-5"船队,但由于运输船队及时得到了护航机群的保护,使德国潜艇无法协调行动,失

去了攻击机会。自此,"狼群"普遍遭到护航舰艇和商船自卫武器的猛烈反击。1943 年全年,德国"狼群"击沉商船 240 万吨,自己却损失了 245 艘潜艇。1944 年 6 月,盟军实施诺曼底登陆,德国海军士气一落千丈,"狼群战术"彻底失败。

　　现代海战理论仍然把潜艇视为对付航空母舰等庞然大物的"撒手锏"。而现代潜艇作战的一些先进理论,例如深海封锁、机动攻击、联合攻击等战术都或多或少地受到了"狼群战术"思想的影响。

保存至今的二战德国 VII 型潜艇

二战时期潜艇水下交战为何极为罕见

潜艇之间的战斗，一直被电影描述得十分惊险，但是实际上，在缺乏瞄准和火控技术的情况下，早期潜艇之间想打一架很难。二战中，潜艇对潜艇的作战并不鲜见，美英两国海军潜艇都击沉过敌方潜艇。不过，这都是海面上浮状态的交战，潜艇对潜艇水下作战则极为罕见。英国"冒险者"号潜艇击沉德国 U-864 号潜艇（IX 型潜艇）便是经典一役，堪称海战史上的奇迹。

U-864 号潜艇本应是德国为支持其日本盟友而发动的"凯撒行动"的先锋，然而它于 1944 年 12 月 5 日离开基尔，刚出发不久就搁浅了。艇长向德国海军总部发送了加密信息，大意是 U-864 号潜艇将被送到挪威卑尔根潜艇基地进行维修。这条加密信息很快被英国的密码破译人员截获并破译，"凯撒行动"的面纱被揭开。随后，英国又通过多种渠道完全掌握了德国这次行动的目的。原来，德国试图向日本运送战略物资和技术资料，包括 V-2 导弹设计图、Me 262 喷气式战斗机设计图等。英国意识到这些物资和资料的价值，以及它可能对同盟国造成的危害，于是决定拦截 U-864 号潜艇。

V-2 导弹现代复制品

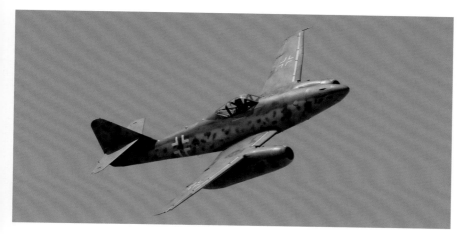

Me 262 喷气式战斗机现代复制品

英国派遣轰炸机前往卑尔根，严重破坏了那里的潜艇基地，这次破坏使 U-864 号潜艇不得不延长在挪威的维修时间。好不容易等到维修完成，U-864 号潜艇赶紧启程，不料发动机又出了问题，无奈之下，只好返回挪威重新维修。所以一直到 1945 年初，U-864 号潜艇依然还在大西洋。此时，英国海军已经派出了"冒险者"号潜艇对其进行拦截。

1945 年 2 月 8 日，U-864 号潜艇驶离位于卑尔根的船坞。艇长沃尔弗拉姆非常警惕，决定先向苏格兰设得兰群岛方向行驶，以避开英军反潜力量。然而，出发后不久，U-864 号潜艇的发动机出现故障，不断发出异响。虽然 U-864 号潜艇的艇长知道发动机的噪声会暴露潜艇的位置，但他已经失去耐心，只想尽快赶到会合点，与己方驱逐舰会合。为此，他几次升起潜望镜来寻找驱逐舰。

2 月 9 日凌晨，"冒险者"号潜艇的声呐操作员听到微弱声响，研判其可能为渔船，于是继续寻找声源并有序搜寻目标。随着这一声响信号越来越强，艇长詹姆斯·朗德斯上尉判断应是敌方潜艇，并小心翼翼地短暂升起潜望镜，发现北方约 5 千米海面上出现潜望镜。朗德斯下令所有艇员进入战斗状态，并持续观察敌方潜艇动向。朗德斯需要更多情报，故决定不采取速攻战术，也不使用主动声呐，保持约 6.4 千米 / 时的航速，继续跟踪敌方潜艇。朗德斯注意到，敌方潜艇的攻击潜望镜和观察潜望镜一直没有收起，这对己方很有利。

"冒险者"号潜艇在距 U-864 号潜艇仅 1.8 千米时，声呐操作员报告其开始采取 Z 字机动向西航行，这表明 U-864 号潜艇很可能已发现被跟踪，也有可能正以艉部鱼雷发射管瞄准"冒险者"号潜艇。

U-864 号潜艇的艇长沃尔弗拉姆确实发现了"冒险者"号潜艇，他采取改变航向、迂回前进的方法，避免被瞄准。朗德斯非常清楚敌方潜艇的作业程序，认为交战时机已到，再耽误下去敌方潜艇将进入深水海峡，难寻踪迹。

此时双方都处于水下，相比在水面时，除位置变量外，还多了一个深度变量，这就大大增加了鱼雷命中难度，因此必须计算预判出目标在鱼雷到达时的位置和深度。而且"冒险者"号潜艇使用的 Mark 8 型鱼雷噪声很大，敌方潜艇听到后，可迅速转向或下潜躲避。朗德斯认为，只要能计算预判出敌方潜艇转向和下潜的时间和位置，就可设定鱼雷发射角度，向其可能转向和下潜的位置和深度各发射一定数量的鱼雷，以提高命中率，将其击沉。

在 U-864 号潜艇重复 Z 字机动时，朗德斯指挥"冒险者"号潜艇转向 140°航向，以不同定深发射 4 枚鱼雷。第一枚鱼雷射出后，U-864 号潜艇向右急转并下潜。"冒险者"号潜艇随即又发射 3 枚鱼雷。在全部鱼雷射出 2 分 15 秒后，水下传来一声巨响，U-864 号潜艇被拦腰炸断沉没，随后很多碎片浮上海面，其残骸于 2003 年在距离挪威海岸不到 4 千米的海底被发现。朗德斯在战斗结束后，通过推算得出结论，是"冒险者"号潜艇发射的最后一枚鱼雷击中了 U-864 号潜艇的舷侧，它差一点就避开了攻击。

此次战斗是海战史上第一次，也是二战期间唯一一次潜艇对潜艇水下作战的战例。可以说，此次战斗具有里程碑意义，其证明潜艇也能用于反潜。二战结束后，朗德斯的方法得到了改进，成为攻击水下潜艇的标准方法。

保存在英国的二战时期德国 IX 型潜艇

>>> 苏联潜艇"疯狂伊凡"战术的作用是什么

　　"疯狂伊凡"是美国海军发明和使用的一个军事专业术语，专为冷战时期的苏联潜艇而设，也称"苏联大回转"。"疯狂伊凡"是苏联潜艇采用的一种策略，即在潜航中的苏联潜艇会突然剧烈地改变航向（转弯），以探察自身是否已被其他潜艇所跟踪、盯航。"疯狂伊凡"中的"疯狂"是指突然的急速转弯行为，而"伊凡"则是对苏联人常用的一个昵称。

　　苏联潜艇的急速转弯有其理由，这牵涉到挡音区所造成的声呐探测限制，当潜艇自身的螺旋桨叶片在旋转推进时会产生噪声，这股噪声会造成声呐在感测听辨方位上的扭曲，特别是装设于艇身前端位置的主声呐几乎无法探测到正后方的声音，艇身正后方成为探测上的死角。因此，苏联潜艇为了查看自身是否被其他潜艇跟盯，会利用转航来改变声呐的探测角度，以探察原有的死角位置是否有敌方潜艇，且必须是急转，若是缓速转弯则敌方潜艇仍可从容地跟随转弯，持续处在安全的挡音区内而不被察觉。

　　冷战时期，美苏两国的潜艇经常在水下相互跟盯，以防其中一方有越轨行径。在跟盯过程中，正规且标准的做法就是：在不被敌方察觉的情况下偷偷驶入敌方潜艇的挡音区内，以此尾随观察其动向。然而这种做法在苏联潜艇施展"疯狂伊凡"战术时可能导致以下两种危险状况。

　　第一，被苏联潜艇发现尾随踪迹，如果处理不当，有可能酿成冲突。对此，美国潜艇常用的应对方式是：立刻停止自身所产生的任何声音，包括停止引擎运转、停止螺旋桨叶片旋转等，让苏联潜艇即便能听辨到自身所处的方位，也无法探测到己方潜艇的存在。

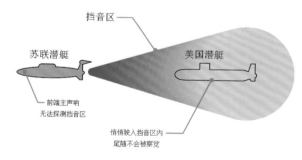

挡音区

苏联潜艇

美国潜艇

前端主声呐
无法探测挡音区

悄悄驶入挡音区内
尾随不会被察觉

挡音区示意图

　　第二，与苏联潜艇相撞。虽然美国潜艇已经停止所有动力，但是无法控制前移的惯性力量，且正在急速转弯的苏联潜艇也等于是"盲瞎"的，必须转至预定角度后才能真正开始探察，如果双方相距过近，就会相撞。跟盯时因遭遇"疯狂伊凡"

而导致相撞，这并不是理论推测，而是确实发生过。1970 年 6 月 20 日，美国海军一艘"鲟鱼"级攻击型核潜艇就因此与苏联海军一艘"回声"级巡航导弹核潜艇相撞，所幸双方都未造成伤亡。

与苏联潜艇相撞的美国"鲟鱼"级攻击型核潜艇三号艇"蚝隆头鱼"号

>>> 潜艇发射导弹需要停下来吗

众所周知，潜艇发射导弹具有隐蔽性好、生存能力高等优点。以目前的技术，潜艇可以在水下几十米的深度发射导弹，足以保障发射时的隐蔽性。不过水下环境毕竟不同于空气环境，仅密度就相差了数百倍，发射难度大幅增加。

潜艇发射导弹需要根据两者的性能相互协调配合，简单来说可以在潜艇运动中发射导弹，也可以让潜艇停下再发射导弹，两种方式各有利弊。

在潜艇运动中发射导弹时，不需要潜艇迅速停下，这就降低了对潜艇操控性能的要求，特别是在执行突发任务的情况下，可以在潜艇巡航状态下快速发射导弹，不会因为潜艇停下花费时间而导致错过战机。此外，由于发射导弹将会暴露潜艇位置，此时处于运动状态将有利于潜艇迅速转移，大大提高潜艇的生存概率。然而由于存在潜艇运动，发射过程中导弹与海水之间产生相对运动，从而引起海水的横向流体动力作用在导弹上，使导弹发射受到很大的横向作用力，这大大增加了导弹方案设计的难度，还可能会增加导弹结构上的无效质量，影响导弹的射程、性能等。

相反，潜艇停下再发射导弹则对潜艇不利、对导弹有利。不过考虑到潜艇的众多人员、大量设备以及潜艇本身更高的造价成本，各国通常会选择在潜艇运动中进行导弹发射，即在导弹研制阶段就针对在潜艇运动中的发射可行性进行设计。

美国"乔治·华盛顿"级弹道导弹核潜艇发射"北极星"弹道导弹

美国"俄亥俄"级弹道导弹核潜艇发射"三叉戟 II"弹道导弹

潜射导弹的发射过程有何特别之处

　　潜艇在水下发射弹道导弹时，一般在水下 30 米深度，以 2 节左右的速度航行，导弹置于发射筒内，发射筒垂直装于潜艇中部，有的在耐压壳体内部，有的则位于耐压壳体与非耐压壳体之间，一般每艇携带 12 ～ 24 枚导弹。在 30 米水深时，发射筒盖外承受约 3 个大气压的水压。因此，要想打开筒盖十分费力，必须先用高压气体进行筒内增压，使筒内外压力大致相等后，便可轻易开启筒盖。为了防止开盖时大量海水涌入导弹发射筒，筒口上还特意安装了一层水密隔膜。

　　导弹发射时，发射筒上盖打开，由于发射管是一种水密和气密结构，且经过充气和填注少量海水，与海洋海水压力相等，不存在压力差，因此海水也就进不来，筒内气体也不会溢出水面。接到发射指令后，电爆管起爆，点燃燃气发生器，使其产生的高温高压气体从发射筒底部喷入筒内，在反作用力的推动下，导弹穿透水密隔膜径直向上被推出筒外。出筒后的导弹在第一级火箭的助推下直冲云霄，飞行

20～30千米之后，第二级火箭进行接力助推，然后将导弹推向外层空间，按预定弹道飞行后，再进入大气层对目标实施攻击。

重达十几吨甚至几十吨的导弹在离艇后会造成两个方面的影响：一是潜艇稳性被破坏，这时必须立即向发射筒内灌注海水，以弥补部分弹重；同时潜艇均衡水柜也必须抽水以弥补均衡保持稳定；二是发射瞬间的后坐力，往往可使潜艇略微下沉。例如美国"乔治·华盛顿"级潜艇在发射第一枚"北极星"导弹时，就下沉了4米，不过这对潜艇来说没有什么危险。最初，美国就采用出水后点火的方式发射潜射弹道导弹，即导弹飞离水面15～25米高度时第一级火箭开始点火。后来改为水下点火，即导弹发射离艇后，在一个安全距离上点火，这样能保证导弹在出水时，有一个巨大的垂直向上运动的推力，使其不至于受水面复杂风浪的影响。

除了垂直发射弹道导弹外，一般潜艇仍采用鱼雷发射管发射反舰导弹。反舰导弹平时置于一个特制的鱼雷容器中，通常按533毫米标准口径设计。鱼雷容器自带动力装置，其尾部装有一台固体火箭发动机和一个燃气发生器。发射时，潜艇像发射鱼雷那样把它推出艇外，当容器航行至一个安全距离时，固体火箭发动机点火，容器在火箭发动机的推动下进行潜航。容器在潜航150～200米后，以45°角跃出水面并升至20米高度时，顶部自动脱落，尾部燃气发生器所产生的燃气，将导弹以12°～15°倾角射出。这时，导弹自身的助推器点火，将其推向30米左右高度。随后，弹上主发动机点火，导弹降至巡航高度（15米左右）。

1963年美国总统肯尼迪观看"拉斐特"级弹道导弹
核潜艇发射"北极星"弹道导弹

美国"俄亥俄"级弹道导弹核潜艇发射的"三叉戟 II"弹道导弹

潜射导弹发射时为何不会灌进海水

　　美国、俄罗斯等军事强国大多在成熟的陆基导弹基础上研制潜射导弹，况且在发射试验中，往往是先从陆上进行发射，取得较高的成功率后，再从水面上发射，最后再进入水下发射阶段。水下发射使潜艇隐蔽性进一步增强，但这也大大提高了发射的技术难度，其中一项绝对的要求就是导弹本身不能灌进海水。

以美国"战斧"巡航导弹为例，其潜射型是"热发射"（水下点火）潜射导弹的典型代表，当潜艇进入指定的发射区域，首先把导弹连同保护筒装进鱼雷发射管，利用潜艇的 Mk 117 火控系统对导弹进行测试，利用惯性制导系统进行瞄准，这个过程需要 20 分钟左右。然后潜艇的液压弹射系统把导弹从鱼雷发射管中推出，离潜艇10 米远处，助推器点火，导弹保护筒从鱼雷发射管里弹出后就沉入海里。发射点的水下深度约为 15 米，水下助推时间约 5 秒，由于燃气压力大大超出周围海水的压力，致使海水无法进入导弹尾喷管，而是向周边排开。

美国从"北极星"A1 潜射导弹开始，就着重发展了导弹水面点火的技术（即冷发射），采用燃气—蒸汽弹射发射，进一步加强了导弹密封性，使得导弹灌水的概率变得更小。具体来讲，是以发射筒外燃气发生器产生的燃气和水形成的高温蒸汽相互混合，产生的高压气体作为初始发射动力。导弹自发射筒弹出水面后立即点火，随后空发射筒灌入海水以平衡导弹脱离后的质量。其后，美国多代潜射导弹都采用了这种发射方式，经过长期的经验积累，也实施了诸如改用钝头体外形、加设减阻杆、继续降低出筒速度以减少冲击载荷等改进措施，不断提高导弹发射成功率。

总而言之，不管冷发射还是热发射，潜射导弹都不会灌进海水。

美国"拉斐特"级弹道导弹核潜艇发射的"波塞冬"弹道导弹

美国"拉斐特"级弹道导弹核潜艇发射的"三叉戟"弹道导弹

潜射弹道导弹为何非要齐射

对于在大洋深处航行的潜艇来说，齐射弹道导弹并不是一件简单的事情。所谓齐射，并不是同时将弹道导弹发射出去，而是在极短的间隔时间内完成发射，例如1～2分钟。可以想象，当1枚几十吨重的弹道导弹发射后，巨大的反作用力必然使潜艇发生漂移，而为满足齐射的要求，潜艇必须立即调整姿态，回到预设发射阵位实施下一次发射。两次发射间隔的时间越短，就越能够实现齐射的效果。

潜射弹道导弹为什么一定要齐射？按部就班、从容不迫地发射不可以吗？这背后涉及的其实是核战争的战略战术问题。

准确地说，不是潜射弹道导弹一定要齐射，而是所有的核武器都要齐射。一旦爆发核战争，所有的核武器都要在最短的时间发射出去。简单来说，核战争就像放鞭炮，点燃之后只能噼里啪啦一口气炸完。这是冷战时期美苏对核战争的基本设想。

为什么会这样设想核战争？从根本上说，就是因为核武器破坏力太强，以至于容不得一点迟疑和误判，只能对情况作最坏的打算，否则就可能失去还手的机会。常规武器杀伤力有限，除非是目标极其有限的战争，否则一战定乾坤基本是不可能的，即使遭到对方最猛烈的突袭，也有机会反败为胜，二战时的英国和苏联都经历了这样的大逆转。但是核战争不行，一个国家遭受第一波次核打击就很可能彻底崩溃，完全没有任何回旋的余地和空间。因此，常规战争那种循序渐进的方式显然不适合核武器。一个国家无论是主动发起核战争，还是对他国的核打击进行反击，都只能按照这种设想进行，即在最短时间将自己的核武器全部发射，否则将失去使用剩下的核武器的机会。

具体到潜射弹道导弹，情况又略有不同。陆基洲际弹道导弹是多个发射井独立存在，1枚导弹发射并不意味着其他导弹位置也被暴露。而弹道导弹核潜艇通常搭载十几枚甚至更多导弹，发射1枚导弹之后，潜艇的位置就暴露了。在这种情况下，潜艇很可能遭到对手反潜力量的攻击，潜艇内的导弹就有全军覆没的可能性。所以，对于潜射弹道导弹来说，齐射不仅是一般意义上核战争的战术，也是为了防止己方因长时间暴露而被反潜力量围歼的需要。

当然，以上设想在某种程度上都是冷战时期美苏高度对抗的产物。在21世纪，大国之间发生核战争的可能性已经微乎其微，核武器已回归到其作为威慑工具的本色，只是任何战略战术都有其惯性和连续性，齐射仍然是对潜射弹道导弹发射的基本要求。

美国"俄亥俄"级弹道导弹核潜艇发射"三叉戟"弹道导弹的艺术想象图

俄罗斯海军基地中的"台风"级弹道导弹核潜艇

潜艇使用的重型鱼雷有何特点

重型鱼雷又称长鱼雷，是重量较大、航程较远、战斗部威力较大的鱼雷，直径通常在 533 毫米以上，主要作战目标是敌方的水面战舰和潜艇。从一战到今天，重型鱼雷依然是潜艇的主要武器，在海面之下的战场上发挥着重要的作用。

早期的重型鱼雷都是无自导装置的近程直航鱼雷，单发鱼雷的命中率较低。为了保证命中率，潜艇必须占据有利的发射阵位，并在较近的距离上进行几枚鱼雷的齐射。随着水面战舰在航速、机动性和声呐探测性能方面的显著提高，直航鱼雷逐渐难以满足潜艇的作战需要。1943 年，德国海军率先成功研制出被动声自导鱼雷，开启了鱼雷发展的新时代。二战后以美国为代表的西方国家开始着重研究鱼雷的制导系统，并研制出了具有主动声自导能力的鱼雷导引头。

声自导系统让鱼雷拥有了自主追踪、攻击敌舰的能力，但声自导也存在局限性：声自导所利用的水声信号同海洋环境噪声、鱼雷自噪声、人工干扰噪声等混杂在一起，尤其在鱼雷航速很高时其自噪声大，目标检测和识别更加困难。现代的重型鱼雷采用了线导系统和尾流跟随技术来弥补声自导的不足：拖着长长的控制电缆或光纤的重型鱼雷在抗干扰能力上有了显著提升；尾流跟随技术则是通过探测敌舰螺旋桨所产生的细微气泡或波浪轨迹进行制导，主要用于攻击水面战舰。

现代重型鱼雷的动力系统主要分为热动力和电动力两种。热动力鱼雷以燃料为能源，其特点是航速高、航程远，但也存在噪声大、航迹导致隐蔽性差等难以克服的问题，特别是其航行深度受水压影响较大，不适合在大深度环境下使用，美国的 MK 48 鱼雷、俄罗斯的 53-65 鱼雷和瑞典的 TP2000 鱼雷均采用热动力系统。常规热动力重型鱼雷的航速在 40 ～ 50 节（74 ～ 93 千米 / 时）左右。

电动力鱼雷采用电动力以电池组作为鱼雷的主要能源。虽然电动力鱼雷的推进功率要弱于热动力鱼雷，且航速和航程稍显逊色，但电动力鱼雷航行时噪声低、无航迹，航行过程中电池重量保持不变，易保持鱼雷的稳定性。电动鱼雷的技术研制难点在于性能可靠的海水电池，1988 年铝 / 氧化银海水电池研制成功，用于法国的"海鳝"鱼雷以及意大利的"黑鲨"鱼雷，使鱼雷的航程和航速有明显提高。

由于重型鱼雷往往是由潜艇的鱼雷发射管发射，鱼雷的最大发射深度决定了潜艇的最大攻击深度，因而各国海军对重型鱼雷在大深度条件下发射的要求非常高。目前，主流重型鱼雷的最大发射深度在水下 300 米左右。

当前，世界各海军强国依然在加强现有重型鱼雷的改进和新型重型鱼雷的研制工作，美国和日本等国着重改进鱼雷的制导和探测能力，进一步提升重型鱼雷的最大发射深度，同时还能兼顾浅水区域的作战需求。重型鱼雷的发展方向是鱼雷能够同水下网络进行通信，使鱼雷不仅可以从潜艇上发射，也可以从变成遥控水下平台的无人水下运载器上发射，这样就让潜艇不用以身犯险就能完成对敌方舰船的打击任务。

美国海军技术人员正在维护 MK 48 鱼雷

美国海军"弗吉尼亚"级攻击型核潜艇正在装载 MK 48 鱼雷

核潜艇进行反潜作战有何优势

潜艇是现代化立体反潜体系的重要组成部分。冷战时期的美英攻击型核潜艇很大程度上是围绕反潜任务进行设计与开展训练的，以至于出现了核潜艇是最佳反潜武器的说法。

二战结束后，美国海军在总结二战期间潜艇作战经验的基础上，对潜艇战以及反潜战展开了深入研究。美国海军认为，二战期间反潜战的重要经验之一便是利用潜艇消灭敌人的潜艇。战争期间，潜艇在反潜战方面取得了令人注目的战果。二战期间日本总共损失了 127 艘潜艇，其中有 20 艘潜艇是被美国海军和英国海军的潜艇击沉的。

美国海军情报机构曾预测，苏联到 20 世纪 60 年代时可能要建造 1200 艘甚至2000 艘各种型号的潜艇。彼时美国海军清楚地认识到，在未来可能发生的东西方军事冲突中，苏联庞大的潜艇兵力会对美国与欧洲战场之间的海上运输线造成极大的威胁。为了对付实力雄厚的苏联海军潜艇舰队，美国海军认为除了迅速发展战后高性能潜艇之外，还应该尽快建造一定数量的专用反潜潜艇。

基于这种思想，美国海军先后建造了多种专门用于反潜作战的潜艇，其中最具代表性的当数"海狼"级攻击型核潜艇。该级潜艇在设计上堪称潜艇进行反潜作战的极致产物，它能长时间在大洋或靠近苏联的近海进行反潜巡逻，拥有绝佳的声呐探测能力，并配备比"洛杉矶"级攻击型核潜艇多一倍的鱼雷发射管和鱼雷，以便长时间进行反潜作业。

事实证明，与其他反潜手段相比，使用潜艇进行反潜作战（尤其是远洋反潜作战）具有明显优势。一般情况下，岸基反潜机很难深入茫茫大洋进行长时间的反潜作战，而舰载反潜机的航程与载荷又很低。更糟糕的是，面对核潜艇时，反潜机的效率会大幅下降。至于水面舰艇，由于平台所限，其声学性能远不如潜艇，这不仅导致水面舰艇的噪声传得更远，更影响了水面舰艇本身的声呐探测能力。因此，相同情况下潜艇往往会先发现水面舰艇。另外，水面舰艇在明处，潜艇在暗处，潜艇更容易获知水面舰艇的位置从而发动袭击，或者选择避开。

"海狼"级攻击型核潜艇在近海航行

"海狼"级攻击型核潜艇参加军事演习

常规潜艇虽然在低速航行时噪声比核潜艇更低，但其体积小、航速低、续航力差，所以反潜能力远不如核潜艇。常规潜艇较小的艇体无法装下大尺寸的声呐，也无法装备与核潜艇相当的拖曳列声呐。过低的航速导致其无法跟上水面舰艇编队的速度（尤其是航空母舰编队），更使其在水下作战中机动力处于绝对劣势。常规潜艇的续航力也不足以支撑其在大洋上长时间作战。

核潜艇进行反潜作战时通常采用单艇阵地伏击、区域巡逻或跟踪追击等战术，保持最大程度的隐蔽性，在指定海域独立观察搜索目标，力争在最远距离发现敌方潜艇。当发现目标后，迅速、准确地判断和识别目标，隐蔽接敌，占据最佳攻击阵位，实施攻击。在航空母舰战斗群中，攻击型核潜艇通常在编队外围，与舰载反潜机或反潜直升机形成远距反潜网。

然而，"以潜制潜"也存在不少局限。在开阔海域执行反潜任务时，攻击型核潜艇的航速需要高出目标 5～7 节方能维持接触，由于需要周期性地减速收听敌方潜艇噪声，因此很容易让敌方潜艇逃之夭夭。潜艇所需的推进功率与航速的立方成正比，要想研制航速比敌方主力潜艇快 5～7 节的高性能攻击型核潜艇，即使是技术先进、财力雄厚的美国也难以做到。

"海狼"级攻击型核潜艇正在进行消磁（此举可以降低它被敌方潜艇探测到的几率）

"海狼"级攻击型核潜艇在北极航行

目前核潜艇取得的最大战果是什么

　　1982 年的英阿马岛战争中，英国海军"征服者"号攻击型核潜艇（"勇士"级）击沉了阿根廷海军"贝尔格拉诺将军"号巡洋舰，这是迄今为止核潜艇击沉的最大吨位的战斗舰只（前潜艇击沉的最大舰只纪录为二战时期美国海军"射水鱼"号潜艇击沉的日本"信浓"号航空母舰）。

　　"贝尔格拉诺将军"号巡洋舰属于"布鲁克林"级轻巡洋舰，于 1935 年 4 月在美国开工建造，起初被命名为"凤凰城"号，1938 年 10 月开始服役，1946 年 7 月自美国海军退役，1951 年 10 月售予阿根廷，更名为"十月十七日"号，1965 年又改名为"贝尔格拉诺将军"号。

　　在英阿马岛战争的最初阶段，阿根廷海军大多数舰艇曾避免与英国军舰发生冲突。"贝尔格拉诺将军"号巡洋舰与两艘驱逐舰于 4 月 26 日离开乌斯怀亚，组成"79.3 任务群"。4 月 29 日，它们在马岛以南巡逻。当时，美国中央情报局与德国联邦情报局通过阿根廷海军所使用的、装有后门程序的瑞士克里普陀加密器全面窃听了阿根廷海军内部通信，从而得知"贝尔格拉诺将军"号巡洋舰的动向，并将相关情报分享给英国。

4月30日，"贝尔格拉诺将军"号巡洋舰被英国海军"征服者"号潜艇发现。当阿根廷舰只离开英国宣布的马岛周围200海里（约370千米）的禁区范围后，英军仍然视它们为威胁。英国首相在咨询内阁后同意"征服者"号潜艇发动攻击。

5月2日下午3时57分，"征服者"号潜艇发射3枚Mk 8 mod 4型鱼雷，其中2枚命中"贝尔格拉诺将军"号巡洋舰。一枚鱼雷击中舰艏附近，没有造成伤亡，另一枚则击中舰体后半部，造成大爆炸，根据日后的报告，此次爆炸中有275人死亡。爆炸虽然没有引起火灾，但仍然使船内迅速充满浓烟，爆炸更损坏了舰上的电力设备，令它无法发出无线电求救信号。大量海水从鱼雷造成的缺口涌入舰内，由于电力中断，无法把水抽走，"贝尔格拉诺将军"号巡洋舰开始下沉。下午4时24分，舰长邦索下令弃舰，舰上人员乘救生艇逃生。

此时两艘护航的驱逐舰不知道"贝尔格拉诺将军"号巡洋舰的处境，也没有看到求救火箭或灯号，继续向西航行。等到两舰知道时，天色已黑，恶劣天气把救生艇冲散了。在寒冷的天气、狂风及巨浪冲击下，有些人在救生艇上冻死。阿根廷及智利船只从5月3日至5日间救起770人，另外323人丧生，占此次战争阿军战死人数（649人）的一半。

"征服者"号攻击型核潜艇

"贝尔格拉诺将军"号巡洋舰

▶▶▶ 潜艇如何实施阵地伏击

　　潜艇阵地伏击是潜艇部队在预先设置的伏击阵地上对通过的敌方水面战舰实施的袭击，是潜艇袭击敌方水面战舰的传统方法。

　　潜艇阵地伏击通常在准确掌握敌方战舰航路与航行规律时采用，目的是封锁敌方基地、港口、海峡、水道并袭击敌方战舰。潜艇阵地伏击的特点为：能充分发挥潜艇隐蔽性好的特长，弥补常规动力潜艇水下航速慢的弱点，并能较可靠地袭击通过伏击阵地的敌方战舰，且组织指挥比较简便。但潜艇水下观察距离近，能控制的海域范围有限，阵地选择不当时，将影响伏击效果。选择伏击阵地的要求为：敌方战舰过往频繁，航路较固定，潜艇与敌方战舰遭遇概率较高；敌方对潜防御较弱；海区地理和水文条件有利于潜艇保持隐蔽，便于潜艇待机和攻击机动等。

　　潜艇阵地伏击时，通常会设置基本阵地、预备阵地，以及常规动力潜艇进行充电的充电阵地。通常1个伏击阵地配置1艘潜艇，必要时也可配置1个潜艇战术群。

基本阵地多为正方形或长方形，其宽度取决于设伏潜艇的性能、编组、要求的攻击概率和预定袭击目标的战术技术性能等。

当要求可靠地攻击通过阵地的战舰（攻击概率 90% 以上）时，伏击阵地宽度通常是：单艘攻击型核潜艇或巡航导弹潜艇取其水声观察设备作用距离的 2 倍；单艘常规动力潜艇取其鱼雷攻击半径的 2 倍；潜艇战术群为上述宽度加战术群队形宽度。当预定攻击目标为战舰编队时，则加上敌方被警戒战舰的队形宽度。如果设伏潜艇兵力不足或因对付敌方反潜而须增大潜艇活动范围时，单艇基本阵地宽度可扩大至不超过水声观察设备作用距离或鱼雷攻击半径的 4 倍。同一海域有多艘潜艇设伏时，根据敌方战舰可能的航路宽度、设伏潜艇数量和海区地理特点等，可采取横线配置、纵线配置、梯阶配置或扇面配置等样式配置基本阵地。

潜艇进入伏击阵地后，在有利于隐蔽和观察目标的深度，根据阵地宽度和观察设备作用距离，采取与目标可能航线平行、垂直或曲折等机动方法，慢速机动，测定准确舰位，严密观察搜索，按时收听指挥所通报。发现攻击目标后，迅速隐蔽接敌，占据有利攻击阵位，实施攻击。

航行中的美国"海狼"级攻击型核潜艇

英国"机敏"级攻击型核潜艇发射"战斧"巡航导弹

磁异探测仪如何探测潜艇

磁异探测仪是利用潜艇运动引起地磁场异变的原理制成的搜索设备。由于磁异探测仪在检测潜艇磁异常信号的同时，也检测运载磁探测平台的磁场异常信号，这种磁干扰限制了其安装在其他平台上，只能装载于航空平台上使用。由于磁异探测仪的尺寸较大，因此一般安装在反潜飞机的尾部。总体来说，磁异探测仪具有对潜艇识别能力强、定位精度高、隐蔽性好、不容易干扰、价格便宜等优点，但也存在作用距离近、受水文气象条件影响大的缺点。

磁异探测仪的搜索宽度和信号时间与磁异探测仪的作用距离、被探测潜艇的磁场强度、下潜深度和飞机的飞行高度有关，而磁场强度随距离的变化呈立方关系衰减，只有当潜艇接近海面高度或飞机高度较低时，磁异探测仪才能发挥作用。目前，反潜飞机使用磁异探测仪来搜潜的飞行高度为 50 ～ 150 米。由于反潜飞机长时间低飞容易造成安全事故，所以美国海军发展了一种既能减少机体干扰，又能提高安全性的拖曳式磁异探测仪，其缆绳长达 150 米。

尽管采用了复杂的信号处理技术，但磁异探测仪对常规潜艇的作用距离仅有350 ～ 450 米，对核潜艇的作用距离也只有 600 ～ 900 米。由于磁异探测仪作用距离短，有效搜索宽度小，许多国家的海军仅将其作为鉴别器材，反潜飞机发现目标距离较近时，才使用磁异探测仪作进一步探测，以便较准确地测出潜艇位置及其运动要素。一般与潜艇进行 3 次接触之后，即可投放反潜鱼雷或深水炸弹进行攻击。不过，一些搜潜器材较差的国家，仍将磁异探测仪作为主要探测手段。

美国海军 P-3 海上巡逻机尾部装有磁异探测仪

美国"鲟鱼"级攻击型核潜艇和 SH-60F 反潜直升机

潜艇水下航行需要注意哪些问题

潜艇水下航行，不仅受海区地理、水文、气象因素和水下碍航物（指水中一切对舰艇安全航行构成威胁的物体）的制约，而且操纵复杂，对外界观测困难，易与水面舰艇发生碰撞。因此，需要使用对水下情况标绘详细的潜艇专用海图。航行中要随时掌握航行海区的地理、水文、海流和水下碍航物等环境条件，根据航行计划、战术要求和避碰需要，正确选择航向、航速、航行状态和航行深度。

在远离海岸水下航行时，由于定位的手段较少，因此在航行中需要仔细计算海流影响，认真绘算航迹，并潜行在较大的航行深度以利于隐蔽行动和减小风浪影响。

在近岸水下航行时，由于海域岛礁和水下碍航物较多、水深较浅、潮流较大、来往船只较多等特点，航行难道大，易产生艇位误差，航行中需勤测艇位，加强观察，严防被渔网、渔栅缠住或与水面舰艇发生碰撞。

在雾中水下航行，一般须潜入工作深度航行。如有特殊需要可在潜望深度航行。如果在大风浪中水下航行，一般须潜入较大深度航行。

在冰下航行，需要经常用测冰仪测定冰层厚度，或测定潜艇上部与冰层底部的距离，保证潜艇不与冰层或冰块发生碰撞。

美国海军"鲟鱼"级攻击型核潜艇的艇员正在观察浮冰

俄罗斯海军军官正在使用"北风之神"级弹道导弹核潜艇的潜望镜

▶▶▶ 现代潜艇拥有先进探测设备为何还会相撞

2009 年 2 月，英国"前卫"号弹道导弹核潜艇与法国"凯旋"号弹道导弹核潜艇在大西洋发生碰撞事故。当时两艘潜艇均在水下航行，而且艇上均带有核弹。碰撞发生时，两艘潜艇上共有约 250 名艇员。相撞导致"前卫"号核潜艇需要由船拖回苏格兰的基地，艇体上可见凹陷和擦痕。"凯旋"号核潜艇也被迫驶回布雷斯特港海军基地，并且其声呐外壳严重受损。

根据英国海军专业人士的说法，发生这样的碰撞事故的概率只有几百万分之一。那么，各自配备先进声呐系统的两艘核潜艇，为何在茫茫大西洋中，将"几百万分之一"的相撞概率化为现实呢？这个问题的答案还得从声呐说起。

现代潜艇配备的声呐基本上可分为被动式声呐和主动式声呐两大类。以被动式声呐为例：当水中或水面目标运动时，会产生机械震动和噪声，并通过海水介质传播给声呐换能器，换能器将声波转换为电信号后传给接收机，经放大处理传送到显示控制台进行显示并提供测听定向。被动式声呐隐蔽性好，识别目标能力强，但不能侦察静止目标。主动式声呐可解决这一问题，它可主动向水中发射声波，接收水下物体的反射回波，从而发现目标并测量其参数。但主动式声呐易暴露自己，且探测距离有限。同时，海洋里有很多神秘而复杂的区域，都可能导致潜艇出现声呐盲区，在繁忙的航道、渔区，能让声呐失准的因素就更多。

"凯旋"号弹道导弹核潜艇

　　有声呐技术，自然就有反声呐技术，而且先进的反声呐技术甚至已经超过了声呐技术。反声呐技术其实就是指潜艇的隐身技术，其中最重要的就是潜艇的降噪技术。英法核潜艇相撞，一个重要原因就是双方的反声呐技术都很高明，都采取了很多降噪措施。当时，两艘核潜艇都在以极低的速度移动，同时关闭了主动声呐系统，以省电并减少自身发出的噪声，致使"它们发出的声响不超过一只虾"。由于核潜艇自身的噪声与海洋环境噪声混杂在一起，被动式声呐要从环境噪声里检测出潜艇噪声非常困难，双方离得很近，又都在使用被动式声呐，虽然自身得以隐蔽，但也无法发现对方。所以，"凯旋"号核潜艇的艇员都声称"既没看到也没听到任何信号"。另一方面，两艘核潜艇相撞时，可能处于相互垂直的位置，"凯旋"号核潜艇在上面，"前卫"号核潜艇在下面，结果英国潜艇在上浮的时候撞上法国潜艇。此时，即使两艘潜艇都打开了拖曳阵列声呐，法国潜艇也很难发现英国潜艇，因为垂直方向的英国潜艇正好处于法国潜艇拖曳阵列声呐的盲区之内。

"前卫"号弹道导弹核潜艇

　　事实上，因为声呐原因导致的潜艇相撞事故，远远不止这一起。冷战期间，美国和苏联的潜艇就曾多次发生碰撞事故。例如，1970 年 6 月 18 日，苏联"回声"级核潜艇与美国"鲟鱼"级核潜艇在巴伦支海相撞，双方均有损伤；1986 年在直布罗陀海峡，美苏潜艇再次相撞。

　　一般来说，潜艇相撞主要原因是跟踪引起的，冷战时期美苏之间一直采用一艘跟踪一艘的策略。据不完全统计，在苏联（俄罗斯）北方舰队和太平洋舰队过去 30 年来进行军事演习的海域就曾发生过 11 起潜艇与外国潜艇相撞事故，其中 10 起是与美国潜艇相撞。

▶▶▶ 潜艇兵在水下最长可以待多少时间

　　常规潜艇在水下潜伏的时间有限，一般需要在夜晚上浮，启动柴油机给蓄电池充电，不用考虑潜艇兵在水下最长可以待多少时间这个问题。当核潜艇出现以后，使潜艇几乎拥有了无限的续航能力。理论上，核潜艇在水下想待多久就待多久，但由于核潜艇的自动化程度不可能做到无人操作的水平，因此仍然需要大量潜艇兵来操作。所以从某种程度上说，潜艇兵的忍耐程度就决定了核潜艇的续航时间。

那么核潜艇在水下最长能待多久呢？美、法、俄等国都曾进行过核潜艇水下航行最长时间试验，其中美国核潜艇的水下航行最长时间是 84 天，法国核潜艇是 67 天，俄罗斯核潜艇是 45 天。以上纪录都是在极端测试条件下刻意创造的纪录。核潜艇在实际作战与巡逻中是不会潜航这么长时间的。

在狭窄封闭的潜艇中，潜艇兵不但要克服艇内高温高湿环境带来的不适，还要克服封闭环境给心理造成的影响。核潜艇潜航时间太长，会对潜艇兵的生理与心理健康造成损害，直接影响核潜艇的作战能力。因此核潜艇的潜航时间一般不超过 14 天。

随着技术的进步，有些常规潜艇由于采用了 AIP 动力装置和锂电池等新技术，其最大潜航时间也可达到 14 天。所以现代常规潜艇最大潜航时间以 14 天为目标设计是合情合理的。这样既考虑到了蓄电池和斯特林发动机等技术设备的承受能力，也兼顾了潜艇兵的生理和心理承受能力。

俄罗斯"台风"级弹道导弹核潜艇经过跨海大桥

以色列"海豚 II"级 AIP 潜艇

核潜艇如何在北极海域破冰上浮

北极海域冬季约有 73% 的海面被平均厚度为 3 米的冰层覆盖，夏季冰层覆盖面积也达到 57%。因此，潜艇要想在北极海域作战，就必须具备出色的长期冰下作战能力。而具有无限续航力的核潜艇无疑是最佳选择。

在实际的冰下作战中，核潜艇不仅要借助冰层的掩护来躲避卫星、反潜巡逻机和水面战舰的搜索，很多时候还需要从水下向上破冰浮出水面，以发射弹道导弹或巡航导弹、对外通信联络或接受救援补给。因此，要想胜任在北极地区的作战任务，核潜艇必须练就一身破冰的"硬功夫"。从潜艇的构造来看，破冰时其主要受力部位是指挥台围壳、艇体的上部壳体、艉舵和艏部的声呐罩。因此，这些部位都用高强度钢进行了特别加固。

美国核潜艇执行破冰演练时，都会制订 A、B 两个计划。A 计划是借助美国国家冰雪中心提供的工具和数据寻找"有漏洞的冰层"。北极冰盖在洋流和风力作用下通常会出现"冰层裂隙"，这是核潜艇上浮的理想地点。B 计划则是强行破冰。

外壳经加固处理的核潜艇能冲破厚达 2 米的冰层。但强行破冰也不能蛮干，通常在发起冲击前，艇长会命令水兵收起潜望镜、雷达桅杆等突出物，以减少与冰层接触的面积。收拾妥当后，核潜艇将估算冰层厚度，如果冰层较薄，核潜艇会以较大速度上浮，凭借其坚硬的外壳快速冲击突破。如果遇到厚冰层，核潜艇的破冰动作则要小心得多。在缓慢上浮、艇壳接触到冰层后，压缩空气要将压载水柜里的水一点点排出以增加浮力，直到这股力量将冰层挤裂，这一过程称作"静态加载"。

　　总而言之，核潜艇破冰需要系统规划、齐头并进地实施。不仅需要艇员之间的默契配合，还要依赖艇上先进的水声装备，同时配备可以在高纬度地区使用的电子海图、导航系统，再加上太空可探测冰层厚度的海洋监测卫星等配合，才能取得破冰的成功。

　　冷战时期，美苏核潜艇在北极地区曾轮番上演破冰上浮的大戏。1957 年 6 月至 1958 年 8 月，美国海军首艘核潜艇"鹦鹉螺"号先后 5 次进行北极探险，并成功破冰而出。苏联也不甘落后，1963 年，苏联 K-181 号核潜艇从北极点成功破冰而出，成为首艘在北极点完成这一"壮举"的核潜艇，以至于当时有位苏联海军中尉因兴奋过度掉进了水里，成为第一位在北极点"游泳"的海军军官。

美国海军"海狼"级攻击型核潜艇抵达北极

美国海军"海狼"级攻击型核潜艇（近）和"洛杉矶"级攻击型核潜艇（远）在北极地区

俄罗斯海军"德尔塔"级弹道导弹核潜艇破冰而出

美国海军如何完成人类首次水下环球航行

　　20 世纪 50 年代，核潜艇问世之后，就被用于北极冰下航行。到了 20 世纪 60 年代，已不满足于挑战北极的美国海军，决定进行一次水下环球航行。1960 年 1 月，美国海军"海神"号潜艇奉命进行一次高速水下环球航行。

　　"海神"号潜艇是当时美国海军最大的核潜艇，于 1959 年 11 月开始服役，艇身长度为 136.4 米、宽度为 11 米，排水量 8000 吨，潜航速度可达 27 节。从理论上来说，环球航行对核潜艇来说轻而易举，但长时间进行水下航行的话，可能会对艇员的生理和心理造成难以估量的影响。所以，"海神"号潜艇在环球之前，就进行了充分的准备工作。首先，美国海军将艇内的生活、工作条件最大限度地改进；其次，增加了微型电影院、图书室等娱乐休闲设施；最后，空气调节器和氧气再生系统等也全部采用最先进的型号。

"海神"号潜艇俯视图

准备工作全部就绪之后，1960年2月16日，"海神"号潜艇从大西洋上的圣佩德罗—圣保罗礁出发，一路向西，开始了人类历史上第一次水下环球航行之旅。随潜艇一起出动的，除了编制之内的艇员外，还有一名精神科医生和一位《国家地理》杂志的摄影师。

离开港口几个小时后，"海神"号潜艇潜入海里，开始水下航行。起航不久，一位雷达操作员因肾结石导致腹部剧痛，需要紧急就医。幸运的是，当时美国海军"梅肯"号巡洋舰正在附近海域活动。于是"海神"号潜艇将指挥台的顶端露出水面，然后把病人送到了"梅肯"号巡洋舰上。由于得到了"梅肯"号巡洋舰的协助，使"海神"号潜艇不必冒着违抗命令和破坏纪录的风险，就将病人送至最近的港口就医。

1960年3月13日，"海神"号潜艇上浮到潜望镜深度，观察了著名的复活节岛石像。有资料称，艇长爱德华·比奇还命令艇员将潜艇甲板露出水面，让艇员站在甲板上眺望远处的石像。3月下旬，"海神"号潜艇驶入苏里高海峡，经过了二战期间著名的棉兰老岛海域。

1960年4月上旬，"海神"号潜艇穿越印度洋，抵达非洲南端的好望角，随即调整航向，驶往出发地圣佩德罗—圣保罗礁，环绕此地一周后，便动身前往西班牙加的斯港海域。在这里，"海神"号潜艇与美国海军"约翰·维克斯"号驱逐舰汇合，将艇上的《国家地理》杂志摄影师送上军舰。

接下来，"海神"号潜艇驶往美国东海岸，于1960年5月10日在抵达特拉华州海岸港口后浮出水面，结束了这次水下环球航行。

"海神"号潜艇的这次航行，一共在水下航行了83天零10个小时，航程36 420海里（约合67 450千米），大约环绕地球一圈半。美国总统艾森豪威尔亲自接见了艇长爱德华·比奇，并授予他一枚勋章，被誉为美国"核海军之父"的海曼·里科弗中将也向爱德华·比奇表示祝贺。随后，白宫向世界发布了核潜艇环球航行的消息，让世人再次见识了核潜艇的巨大军事潜力。

"海神"号潜艇退役后被改造为纪念馆

潜艇遭遇掉深有多危险

　　"掉深"是潜艇在水下航行遇到的最危险状况，稍有不慎就会导致艇毁人亡。

　　了解"掉深"就必须知道海水跃层。海水跃层也称"跃变层"或"飞跃层"。跃层是海水参数随深度变化而显著变化的水层。指海水温度、盐度、密度、声速等状态在垂直方向上出现突变或不连续剧变的水层。跃层对水下通信和潜艇的隐蔽具有积极的作用。水声设备在深海声道中的使用效果最好，在深海声道中航行的潜艇可以探测到距离很远的目标。在声速跃层之上发射的声呐信号，不易探测到跃层之下的目标，这就使潜入跃层以下的潜艇被发现的可能性大为减少。如果海水跃层强度较小、厚度较大、上界深度较浅、较持久稳定，会形成不规则的声反射，进而大幅降低反潜声呐的作战效能，给反潜行动造成困难。在战斗中海水跃层比较适合潜艇隐蔽行动，潜艇在作战中会尽量寻找海水跃层，来隐蔽待击。水面战舰在有水下敌情的状态下，如果探测到水下有海水跃层，通常会迅速脱离，以防止自身反潜能力下降，敌方潜艇利用海水跃层隐蔽出击。

　　但是，如果海水跃层是上层密度大、下层密度小的状态，形成负密度梯度跃变层，海水浮力由上至下急剧减小，被称为"海中断崖"。潜艇在水下航行中，如果突然遭遇海中断崖，会立即失去浮力，急剧掉向海底，俗称"掉深"。大多数常规潜艇的有效潜深为 300 米，潜艇不受控制地掉到安全潜深以下时，会被巨大的海水压力破坏，造成失事。

　　二战以来，各国海军潜艇出现过数次因海中断崖导致的事故。1963 年 4 月 10 日，美国海军"长尾鲨"号攻击型核潜艇在美国东部科德角沿海 330 千米的大陆架边缘处进行下潜 300 米的潜水试验时，神秘地沉入 2 300 米深的海底，潜艇上 129 名艇员无一生还。这是世界潜艇史上最大的灾难之一，也是世界上第一艘失事的核潜艇。

下水时的"长尾鲨"号潜艇

美国阿灵顿国家公墓中的"长尾鲨"号潜艇纪念碑

▶▶▶ 失事潜艇上的人员在水下如何逃生

众所周知，潜艇兵是一种非常特殊的兵种，他们的工作性质也在所有兵种里最辛苦、最危险。一旦潜艇出了事，艇上人员很难安全逃生。因此，世界各国海军都非常重视失事潜艇的救助和艇员的逃生问题。

如果潜艇在发生事故后仍能移动，则应紧急上浮，因为水面相对于水下更加安全。如果损伤不影响航行，可以自航返回。如果损伤较严重，可以向指挥部求救，并等待救援；如果水面有敌情，则要听从艇长的临时决定或执行出海前事先计划的行动。

如果潜艇在水下发生故障后无法上浮，艇员应弃艇组织自救逃生。美国海军规定，出现下述险情应考虑逃生：进水或起火且无法控制；二氧化碳的浓度接近 6%，并仍在增高；氧气浓度接近或低于 13%；失事潜艇内部的气压达到 1.7 个大气压力之前且救援不能有效进行时。200 米是艇员能够自主逃生的最大深度，超过这一深度只能等待外援救生。另外，由于艇员在自救上浮过程中要承受海水压力由大到小的变化，所以在 200 米以内的较大深度自行逃生，也只有经过严格逃生训练的艇员才有可能获得成功。

自主逃生时，艇员一般是从逃生舱口或鱼雷发射管钻出。逃生舱口和鱼雷发射管都有前后两个密封盖，艇员备好呼吸器和救生浮标等脱险装具后，首先打开后盖钻进去，然后关上后盖，并注入海水和压缩空气使内外压力平衡，最后再打开前盖，艇员钻出，顺着拴在救生浮标上的浮标绳缓慢上浮。这种逃生技术必须经过反复演练，以防止海水倒灌进艇内，造成更大的事故。另外要精确掌握好上浮速度，若作用于人体的海水压力减压太快，则很有可能导致"减压病"。

现代潜艇一般在耐压指挥台围壳里带有可与潜艇脱离的漂浮救生舱，失事艇员可以在毫无外援的情况下使用该

潜艇逃生舱口仰视图

救生舱逃生。俄罗斯"台风"级核潜艇甚至装备了两个这样的漂浮救生舱，可以容纳全部艇员。

如果艇员不能自行逃生，则可等待外部救援。目前较为成熟的外援救生技术是深潜救生艇（DSRV）和救生钟（SRC）。DSRV 的主要任务是为被困在海底的失事潜艇提供救援。平时，DSRV 停放在机场，当接到呼救信号后，由运输机把 DSRV 及其附属设备空运到距失事潜艇最近的港口，再由水面舰艇或者经过特别改装的潜艇运往失事现场实施营救。作业中，DSRV 边下潜边以声呐定位，通过水下电话与被困在潜艇内的人员取得语音联络。在确定了失事潜艇的救援逃生舱口位置后，即与其进行对接，并根据现场的水深、海流及失事潜艇角度自动调整对接位置，确保

对接口的水密性，最后利用电磁线圈将 DSRV 牢牢固定在失事潜艇上。接着排干 DSRV 对接舱内的海水，失事潜艇的艇员也将救援逃生舱内的海水排干，当两侧的压力一致后，打开逃生舱盖转移到 DSRV 上，同时 DSRV 向失事潜艇内运送氧气瓶、锂氢电池（照明用）、水、食品、药物等。

　　SRC 是一种廉价且实用的救援装置，必须由水面舰艇携带到失事潜艇的上方，利用绞索把 SRC 放到失事潜艇上，并与失事潜艇的逃生舱口对接，将连接通道调节到正常压力，然后打开 SRC 底盖和失事潜艇的逃生舱口盖，失事人员便可进入 SRC 内。当把 SRC 底盖重新关闭后，便可由停泊在水面的救援舰艇把 SRC 起吊到救援舰艇上。

20 世纪 40 年代瑞典海军使用的救生钟

浮出水面的美国"麦凯恩"救生钟

▶▶▶ 深潜救生艇如何执行营救任务

　　深潜救生艇是指能潜入深海营救失事潜艇艇员的微型小艇，其基本结构类似潜艇，由双层壳体及舱室、动力系统、操纵控制系统构成。排水量为十余吨至数十吨，艇身长度为 9 ～ 15 米、宽度为 2.5 ～ 4 米，可载 9 ～ 24 人。采用电力推进装置，航速为 2 ～ 4 节，下潜深度为 600 ～ 1000 米。由于深潜救生艇的续航距离较短，通常由深潜救生母船或打捞救生船携载至潜艇失事海区作业。深潜救生艇的下部有连接装置，可与失事潜艇的救生平台相对接，形成通道，用于将失事潜艇内的人员营救到深潜救生艇内。

　　深潜救生艇执行营救任务时的程序是：将深潜救生艇用飞机空运到距失事潜艇海域最近的机场，再将其转运装上深潜救生母船驶往潜艇失事地点，由深潜救生艇自航前往寻找失事潜艇。利用艇上的机械手可清除杂物，剪除阻碍失事潜艇救生平台的缆索，使结合裙对口连接。与潜艇救生平台可靠对接后，排出结合裙内积水，打开舱口盖，失事潜艇人员进入深潜救生艇内。关闭舱口盖，排除被救人员相等重量的压载水，向深潜救生母船转送被救人员。

由于对失事潜艇的救援工作，必须在潜艇失事后的 72 ～ 96 小时内进行。况且，有些潜艇在失事后维持幸存艇员生命的时间甚至还达不到 72 小时。所以，必须提高抢救速度，从而赢得抢救时间，同时也要求深潜救生母船有良好的综合性能，以确保营救效率。由于研制深潜救生艇需要很高的综合技术水平，需要进行大量的多学科试验，还需要建立设计、建造规范，更需要成熟的工艺技术，所以世界上只有少数国家具备这种实力。

意大利海军投放 SRV-300 深潜救生艇

美国 DSRV-2 深潜救生艇

英国 LR5 深潜救生艇

苏联 K-19 号潜艇为何被戏谑为"寡妇制造者"

在冷战最激烈的时候，美苏双方的核潜艇都在进行一种"猫捉老鼠"的游戏。虽然美苏双方都没有确实证据证明对方开火，但是双方的核潜艇仍出现了不幸，苏联 K-19 号潜艇就是其中之一。

K-19 号潜艇是苏联"旅馆"级弹道导弹核潜艇的首艇。"旅馆"级潜艇是苏联第一种具有远航能力的弹道导弹潜艇。但 K-19 号潜艇闻名世界是因为其频繁发生的事故以及后来的美国电影《K-19：寡妇制造者》。

1958 年 10 月 17 日，K-19 号潜艇在北德文斯克造船厂正式开始建造。1959 年 4 月 8 日，K-19 号潜艇下水。潜艇的下水仪式中"砸香槟瓶"的工作通常由女性担任，但这次为保密而改由一位苏联男性将领砸香槟瓶。而该仪式中香槟瓶砸向潜艇后，因潜艇布设消声橡胶使香槟瓶被完整无损地弹开，而这一切也被人们视为后来潜艇一切事故的"凶兆"。经过将近两年的改进和系泊试验，K-19 号潜艇于 1961 年 4 月 30 日正式服役。

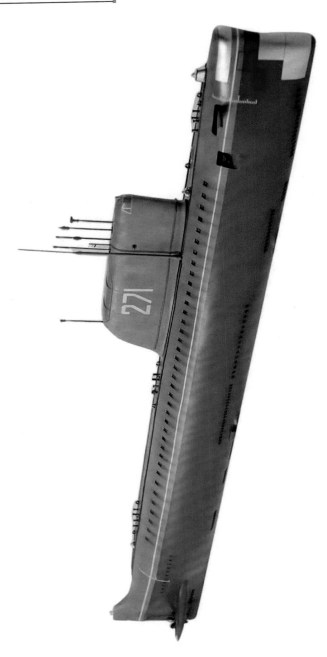

K-19 号潜艇模型

在服役过程中，K-19号潜艇多次发生事故。1961年，K-19号潜艇装载导弹时一名水兵被水雷撞到身亡。1961年4月12日，K-19号潜艇差点和美国海军"鹦鹉螺"号潜艇相撞。1961年7月3日，K-19号潜艇发生反应堆事故，造成7名参加抢修工作的艇员陆续死亡，并且在事故发生后的几年内又有至少20名艇员死于核污染导致的疾病。

1969年11月15日7时13分，K-19号潜艇与美国海军"小鲨鱼"号潜艇在巴伦支海海峡60米深的海域相撞。撞击后因K-19号潜艇的主水柜紧急排水以及储备浮力大而没有沉没。这次撞击造成了K-19号潜艇的艇艏受损，其中弓形声呐阵被彻底破坏，鱼雷发射管外舱盖也脱落了。而"小鲨鱼"号潜艇的耐压艇体则被撞出一个大洞，潜艇迅速失去平衡下沉，经过长时间的水下挣扎后才浮上水面勉强回港。当时"小鲨鱼"号潜艇上的鱼雷长已经准备发射反潜鱼雷击沉K-19号潜艇，但"小鲨鱼"号艇长劳伦斯·布尔哈德为防止苏联以此进行核报复进而发生核战争，因此没有下达攻击命令。

1972年2月24日，距加拿大纽芬兰1 300千米外120米深的海域中，正在战略值班的K-19号潜艇轮机舱突然着火，当时值班的28名艇员不幸阵亡。着火的原因是由于液压机液体泄漏到了热滤器中引发大火。着火之后该艇立即上浮并由附近的北约军舰实施营救。北约军舰赶到后撤离了除艉部着火轮机舱后面的鱼雷舱内12名艇员以外的全部艇员。撤离后因海风阻碍了潜艇拖拽工作，K-19号潜艇直到4月4日才回到北莫尔斯克港，而被困于鱼雷舱的12名艇员在40多天后才被解救。这次事故是全世界非沉没核潜艇事故中殉职人数最多的事故。

1982年8月15日，K-19号潜艇在修理中发生电弧，烧伤数人，死亡1人。

1990年4月19日，K-19号潜艇度过了命运多舛的30年服役生涯后终于退役。

K-19号潜艇退役后指挥台围壳被改造为纪念馆

参考文献

[1] 李杰. 战略核潜艇世界 [M]. 北京：中国和平出版社，2020.

[2] 中村秀树. 世界潜艇完全大揭秘 [M]. 陈健欢，译. 北京：机械工业出版社，2020.

[3] 张玉龙. 兵器知识与鉴赏系列——潜艇 [M]. 北京：化学工业出版社，2014.

[4] 《兵器知识》杂志社. 图解现代海战兵器 100 问 [M]. 北京：机械工业出版社，2013.

[5] 左鹏飞. 深海幽灵：潜艇与战争 [M]. 广州：花城出版社，2010.